UN TÉLÉGRAMME DE MARCEL DUCHAMP

David Prowler

©1990 Readymade Press • 2ème édition ©2026

ISBN 978-0-9628062-0-9

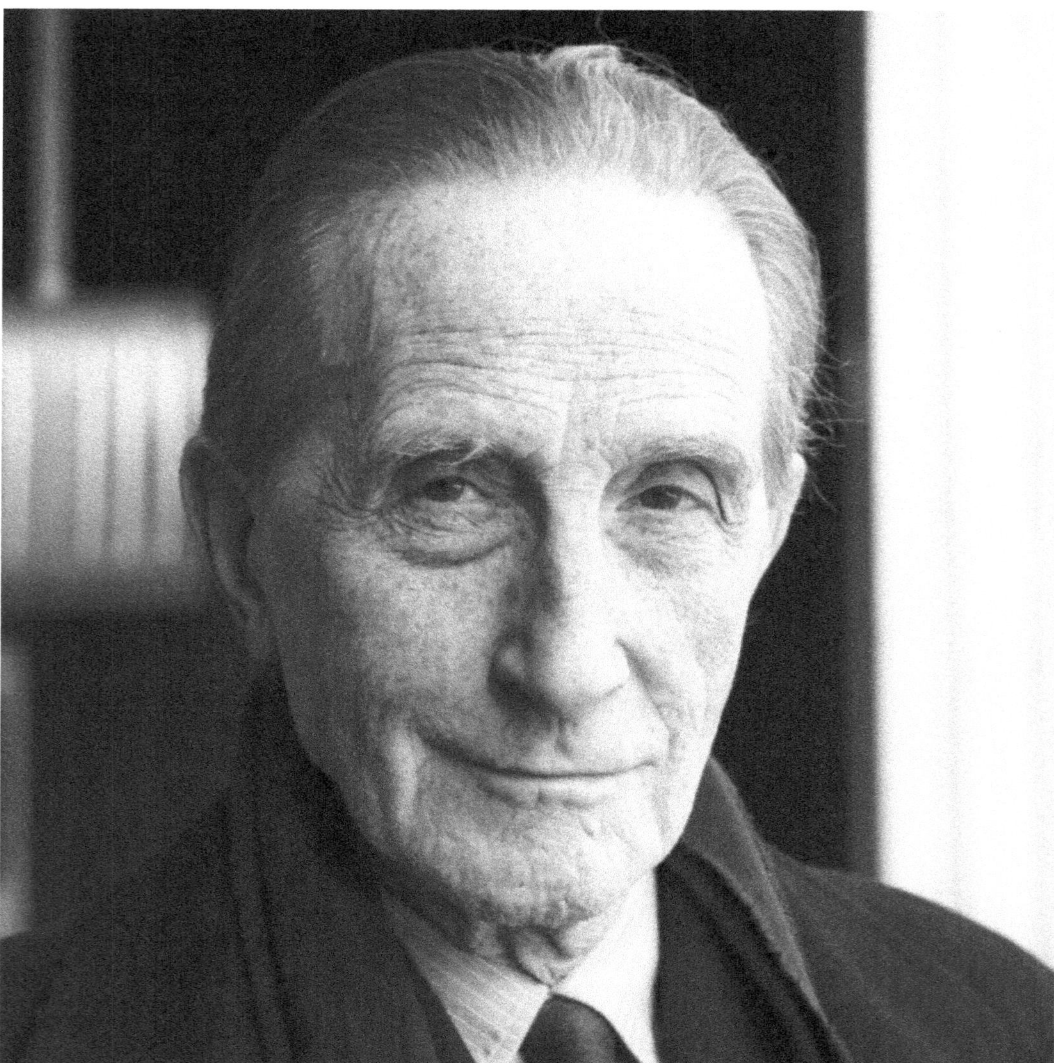

toute mon
amitié
Marcel Duchamp

Marcel Duchamp
28 W 10
AL 4 8692

Je voulais quelque chose signé par Marcel Duchamp.

Quelque chose d'éphémère, pas un objet de collection. Juste un note ou une carte de changement d'adresse ou un reçu, quelque chose de cette nature, le genre de trace laissée dans la vie quotidienne.

J'ai appelé une douzaine de marchands d'autographes et de librairies spécialisées à New York, Boston, Philadelphie, San Francisco, dans le New Jersey et à Berkeley. (C'était avant l'internet.)

À San Francisco, j'ai trouvé un livre signé et numéroté, tiré à cent exemplaires. Le catalogue d'une exposition de 1965 — 950 dollars.

Puis j'ai trouvé le Télégramme.

Ce n'est pas un objet de collection signé produit pour le marché de l'art. Duchamp ne l'a probablement jamais vu ni touché. Et pourtant, il est « de » lui.

| *Vue du verso* |

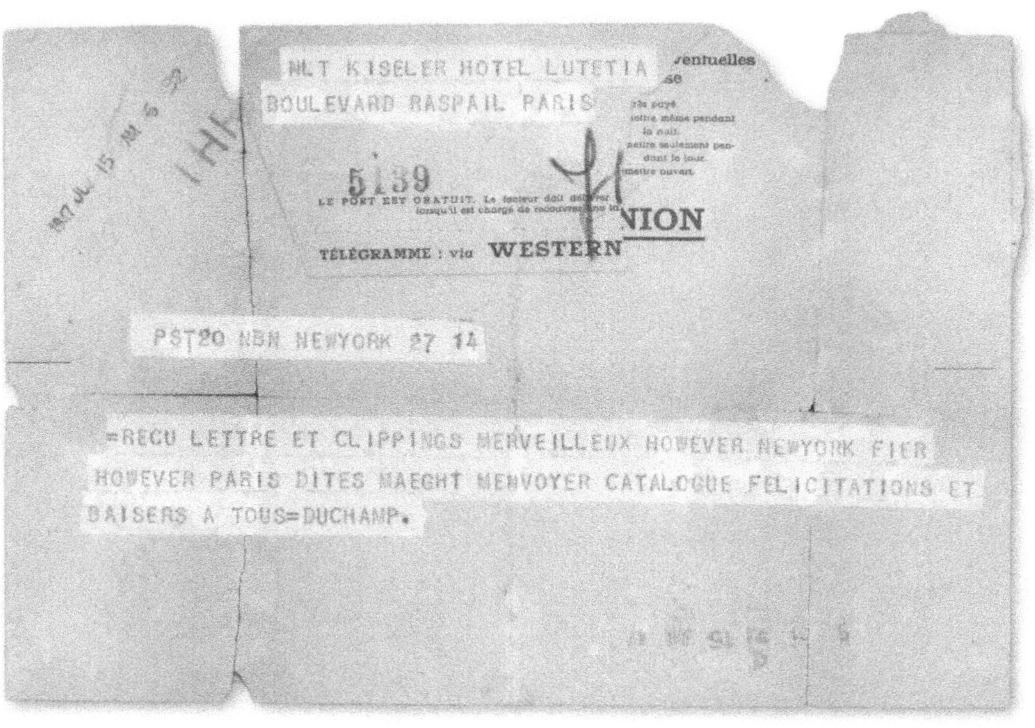

Un télégramme de Marcel Duchamp
1947, New York
•
5 ⅞ pouces by 8 ⅝ pouces

| Vue du recto |

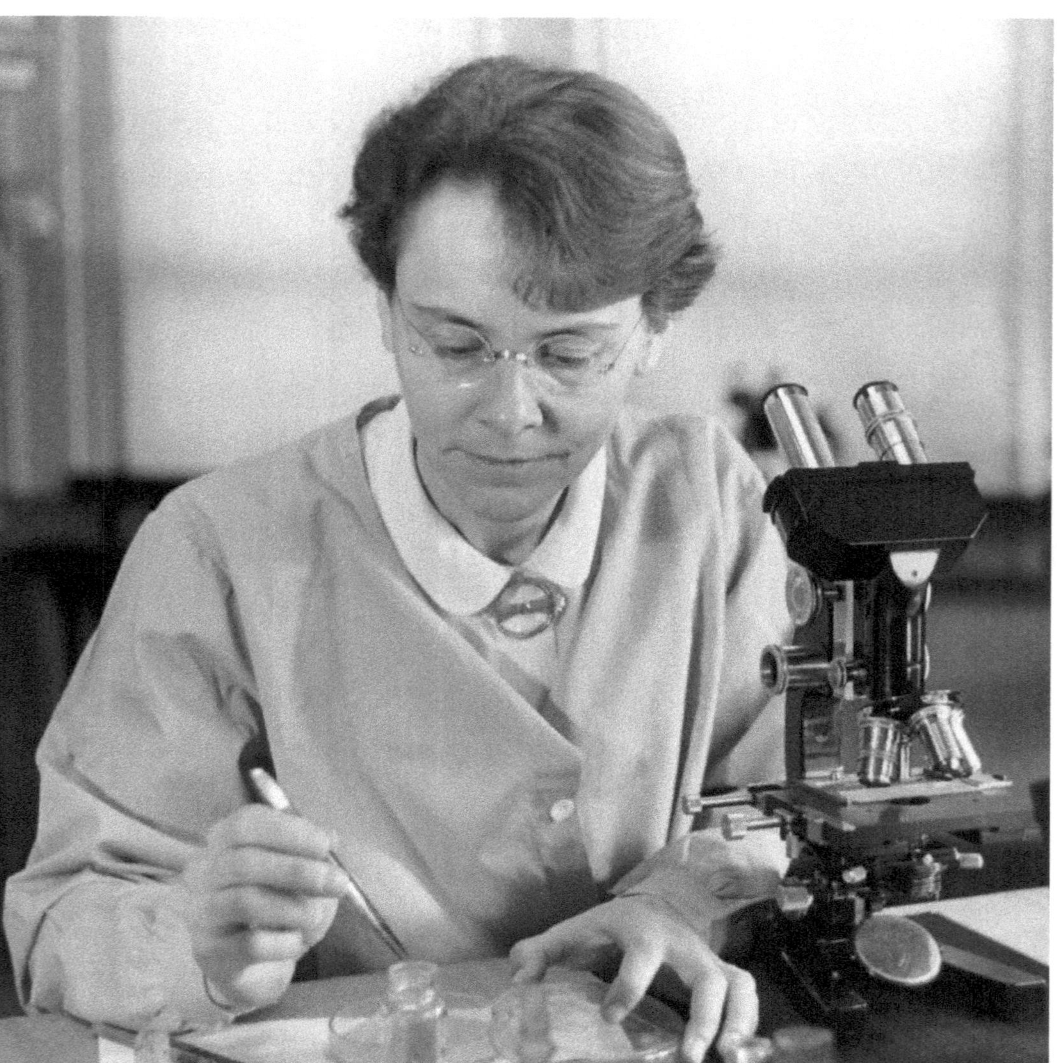

5 CARACTÉRISTIQUES DU TÉLÉGRAMME

1. Il est plié en huit. Le huitième pli en haut à gauche tient à peine.

2. Il est vert, brun, violet, bleu et couleur paille.

3. C'est un collage.

4. C'est à la fois un original et une reproduction mécanique.

5. Il a été plié, porté, manipulé, envoyé, livré, reçu et conservé.

« REÇU LETTRE ET MERVEILLEUSES COUPURES
CEPENDANT NEW YORK FIER CEPENDANT DITES
MAEGHT M'ENVOYER CATALOGUE FÉLICITATIONS
ET BAISERS À TOUS = DUCHAMP. »

Concerne à Frederick J. Kiesler,
architecte, auteur, artiste.

Les Kiesler étaient à Paris pour
l'exposition « *Le Surréalisme en 1947* ».

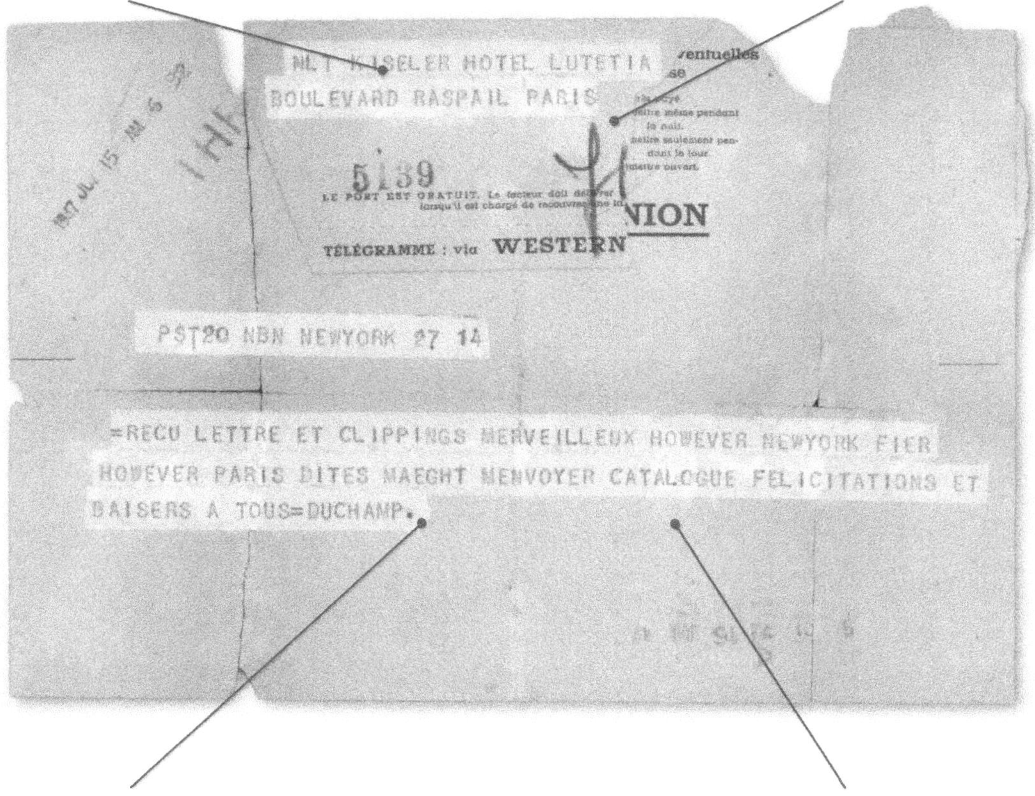

Aimé Maeght,
galeriste et éditeur.

Pour l'exposition « Le Surréalisme en 1947 ».
Conçue par Kiesler, l'exposition s'est tenue
à la Galerie Maeght, 13 rue de Téhéran,
de juillet à août 1947.

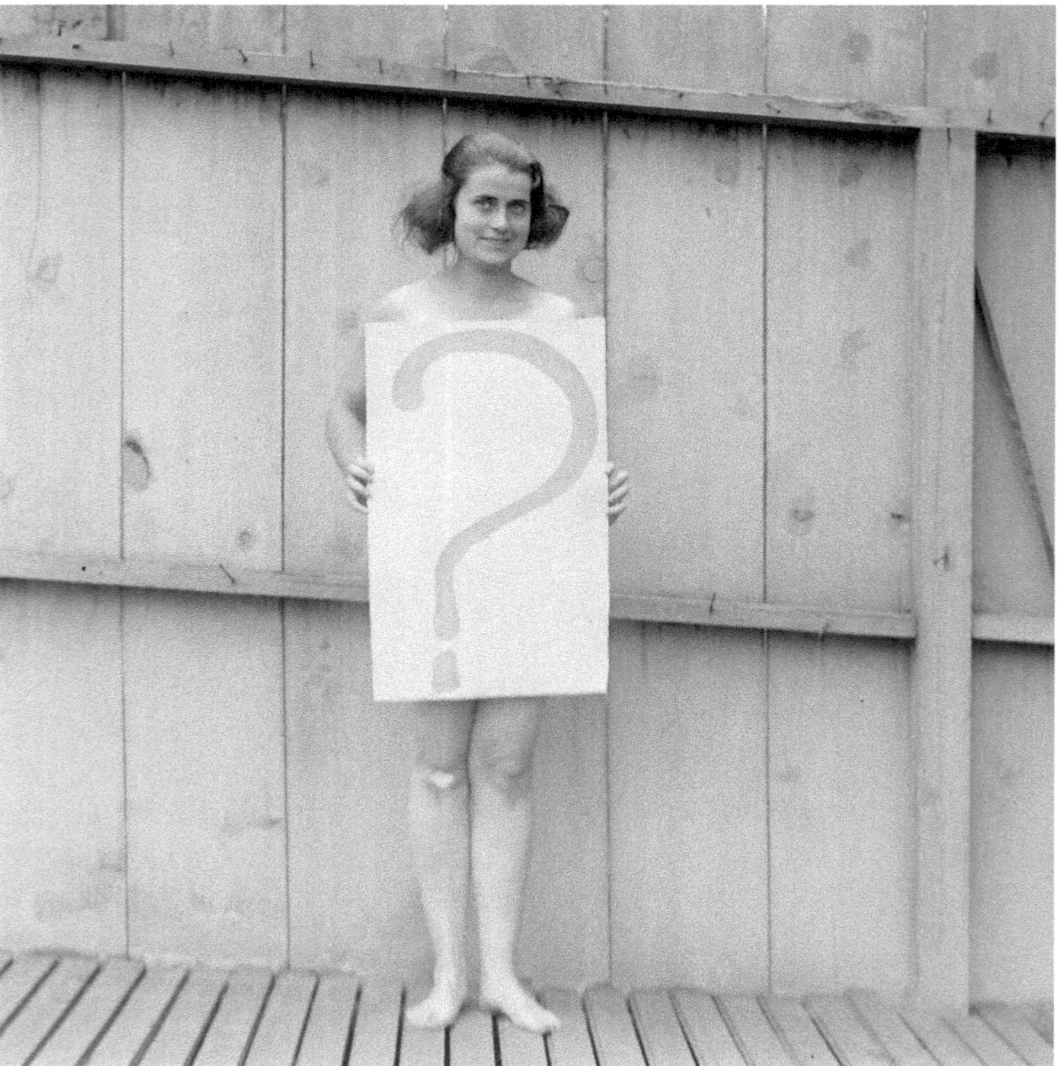

SENS

Que signifie le Télégramme ?

Il fait référence à des coupures de presse que Kiesler avait envoyées à Duchamp depuis Paris au sujet de l'exposition Le Surréalisme en 1947. Duchamp aimait les coupures et demandait un exemplaire du catalogue.

Mais que signifie ceci : « New York fier (proud) cependant Paris » ? Et pourquoi « Kiseler » au lieu de « Kiesler » ?

Cela avait peut-être un sens pour Duchamp et Kiesler, mais il est plus probable que la transmission ait été brouillée ou qu'un employé ait mal compris.

Le hasard s'en est mêlé.

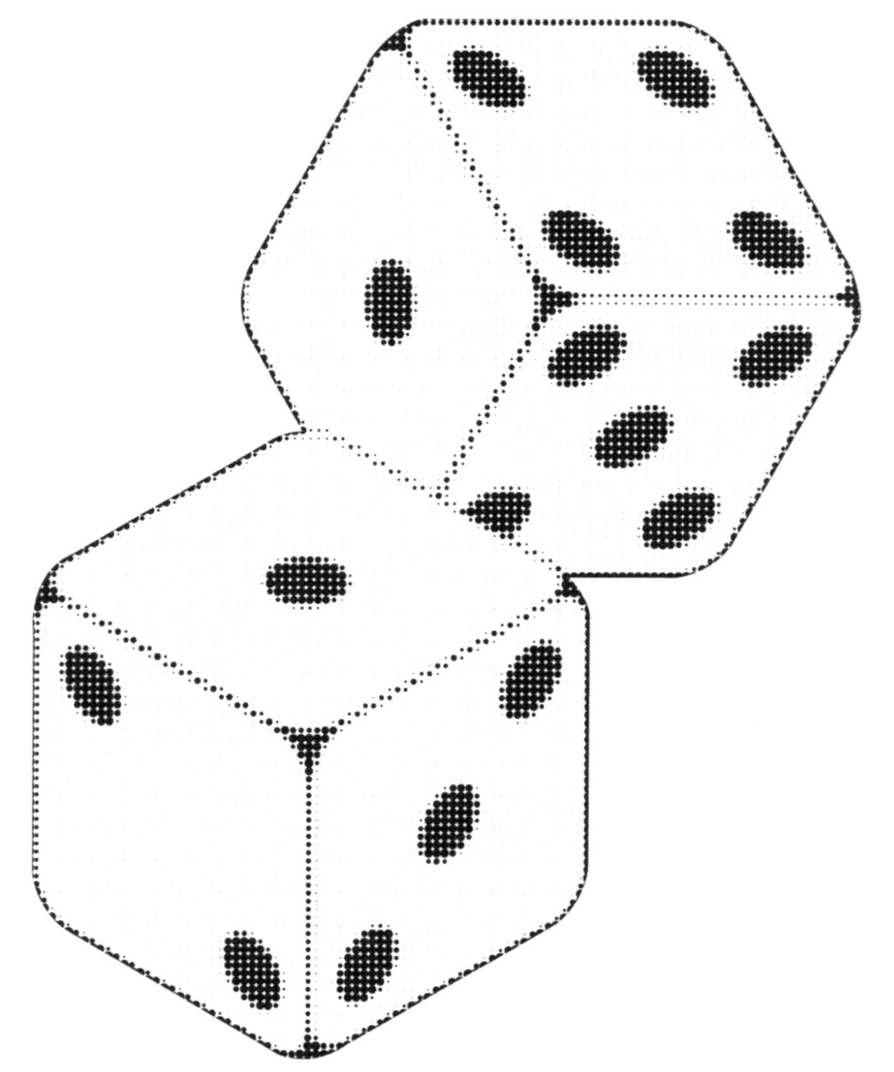

LE HASARD

Duchamp appréciait le hasard qui a inspiré plusieurs de ses œuvres importantes. 3 *Standard Stoppages* était un ensemble de formes en bois dont les contours avaient été déterminés par la chute de ficelles : trois fils d'un mètre lâchés d'un mètre de hauteur. Dans *La Mariée Mise à Nu par ses Célibataires , Même* , il avait utilisé les configurations imprévisibles de la poussière. Et lorsque la sculpture en verre de près de trois mètres de hauteur se brisa, il s'en réjouit et protégea les fissures.

Joueur, il inventa une méthode pour défier le hasard à Monte-Carlo. L'objectif était de ne rien perdre. Il parlait de « hasard en conserve » et du « régime de la coïncidence ».

•

« Votre hasard n'est pas le même que le mien, de même que votre coup de dés sera rarement le même que le mien. ».

–Marcel Duchamp

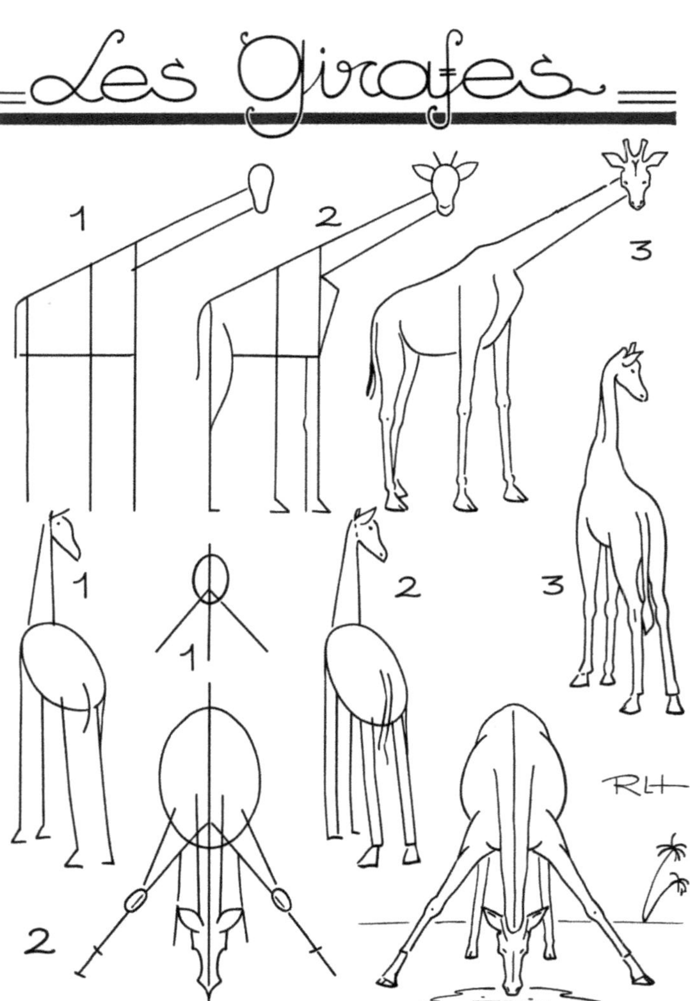

Les Girafes
1
2
3
1
1
2
2
3
RH

DIGNITÉ

« Les Readymades sont des objets manufacturés promus à la dignité d'objets d'art par le simple choix de l'artiste. »

–André Breton

En ce sens, l'artiste est comme Midas, touchant les choses et les transformant en or, ou comme un chaman insufflant du pouvoir à des brindilles.

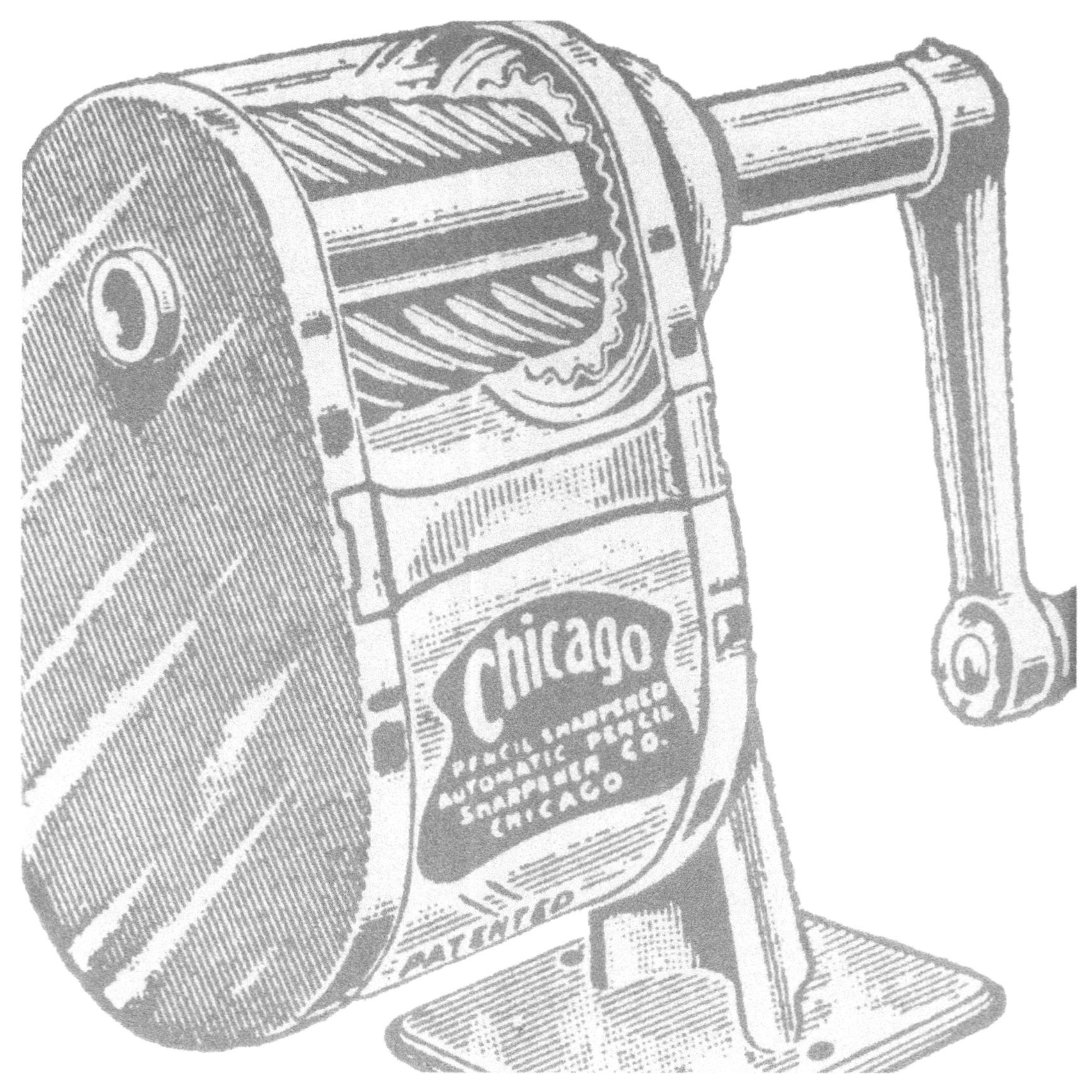

Chicago
PENCIL SHARPENER
AUTOMATIC PENCIL
SHARPENER CO.
CHICAGO
PATENTED

INTÉRÊT

« Il est très difficile de choisir un objet qui n'ait absolument aucun intérêt pour nous, non seulement le jour où on le choisit, mais qui ne pourra jamais en avoir et qui, finalement, ne pourra jamais avoir la possibilité de devenir beau, joli, agréable ou laid. »

–Marcel Duchamp

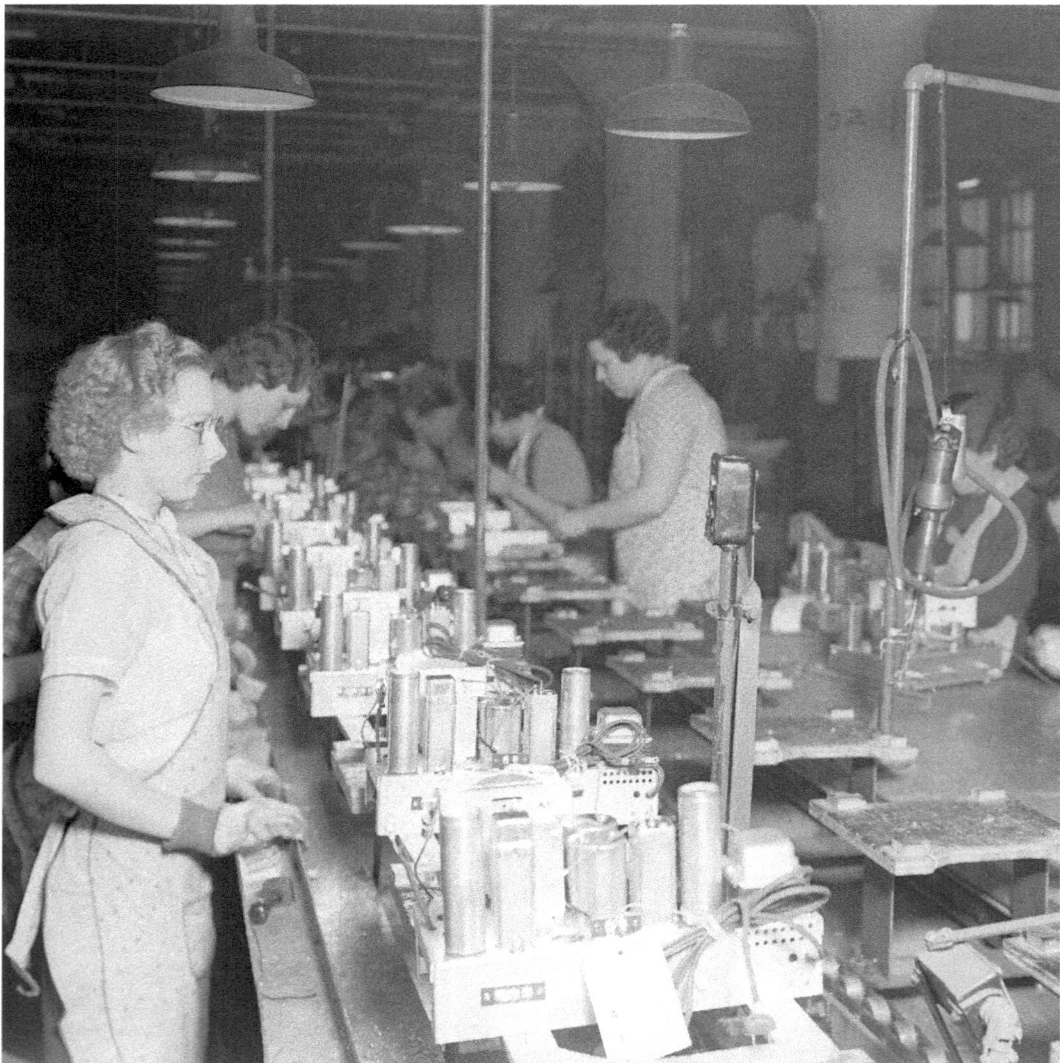

« Peut-on faire des choses qui ne sont pas de l'art ? »

–Marcel Duchamp

« Je veux quelque chose où l'œil et la main ne comptent
pour rien. »

–Marcel Duchamp

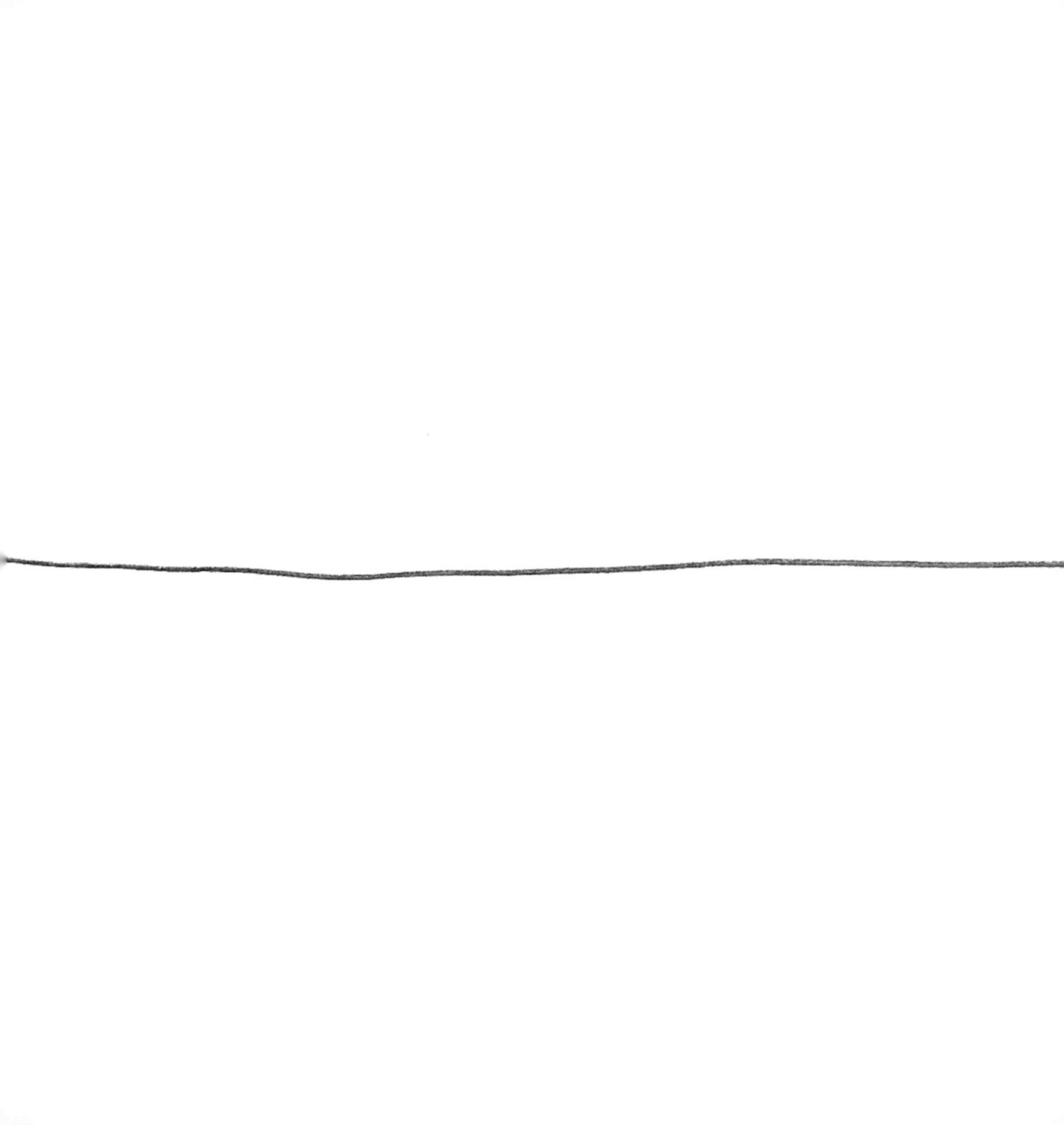

INDIFFÉRENCE

« Le choix de ces Readymades ne fut jamais dicté par quelque delectation esthétique. Le choix était basé sur une réaction d'indifférence visuelle, avec en même temps une absence totale de bon ou de mauvais goût, en fait une complète anesthésie. »

–Marcel Duchamp

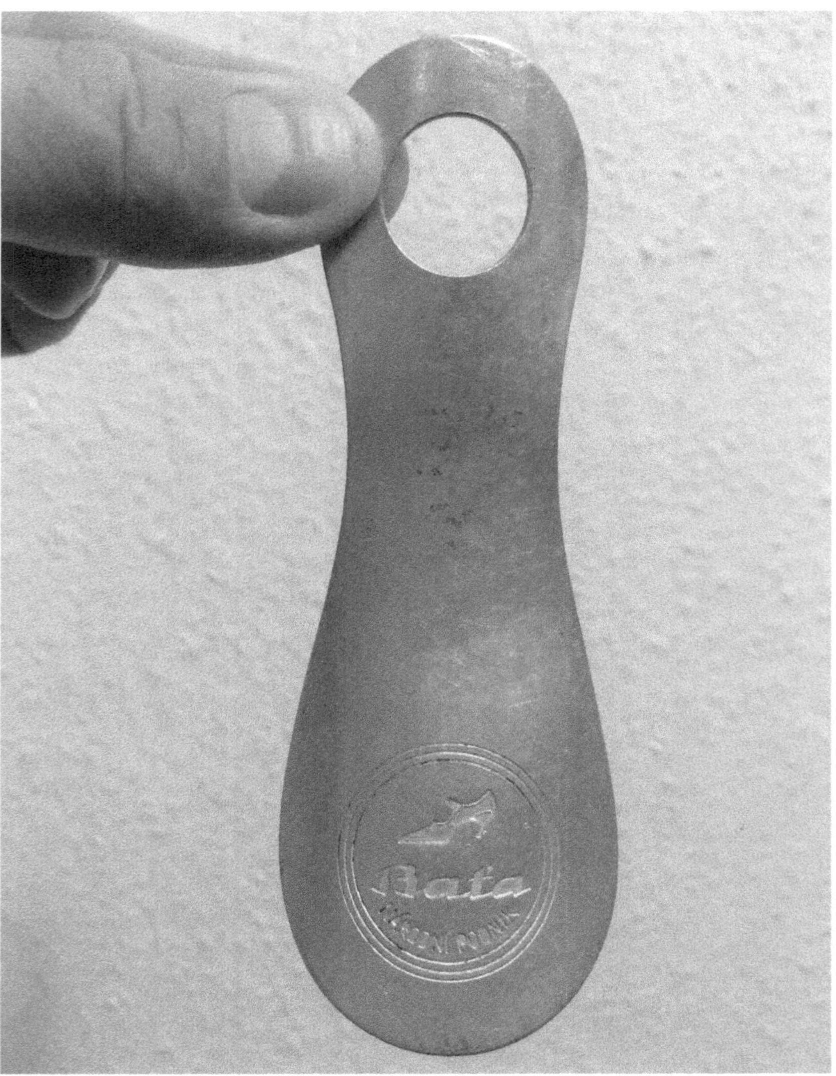
Bata

CHOIX

L'artiste choisit une coupe de pommes ou un champ de blé avec des corbeaux tournoyant au-dessus ou une femme nue assise au bord d'un lit regardant un carré de lumière sur le sol ou un homme riche entouré de ses possessions ou Jésus-Christ ou une boîte de soupe.

L'artiste prend une chose et dit : « Regardez ça. »

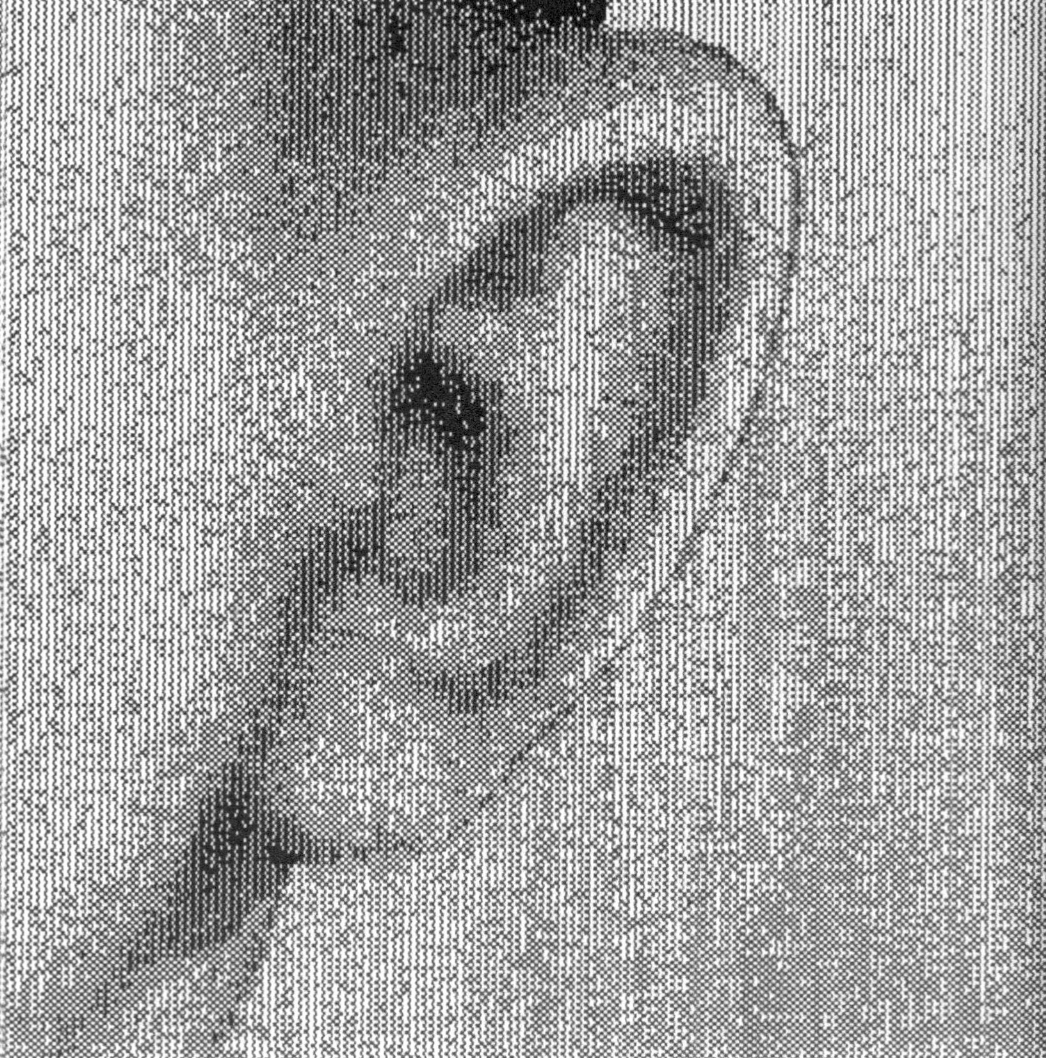

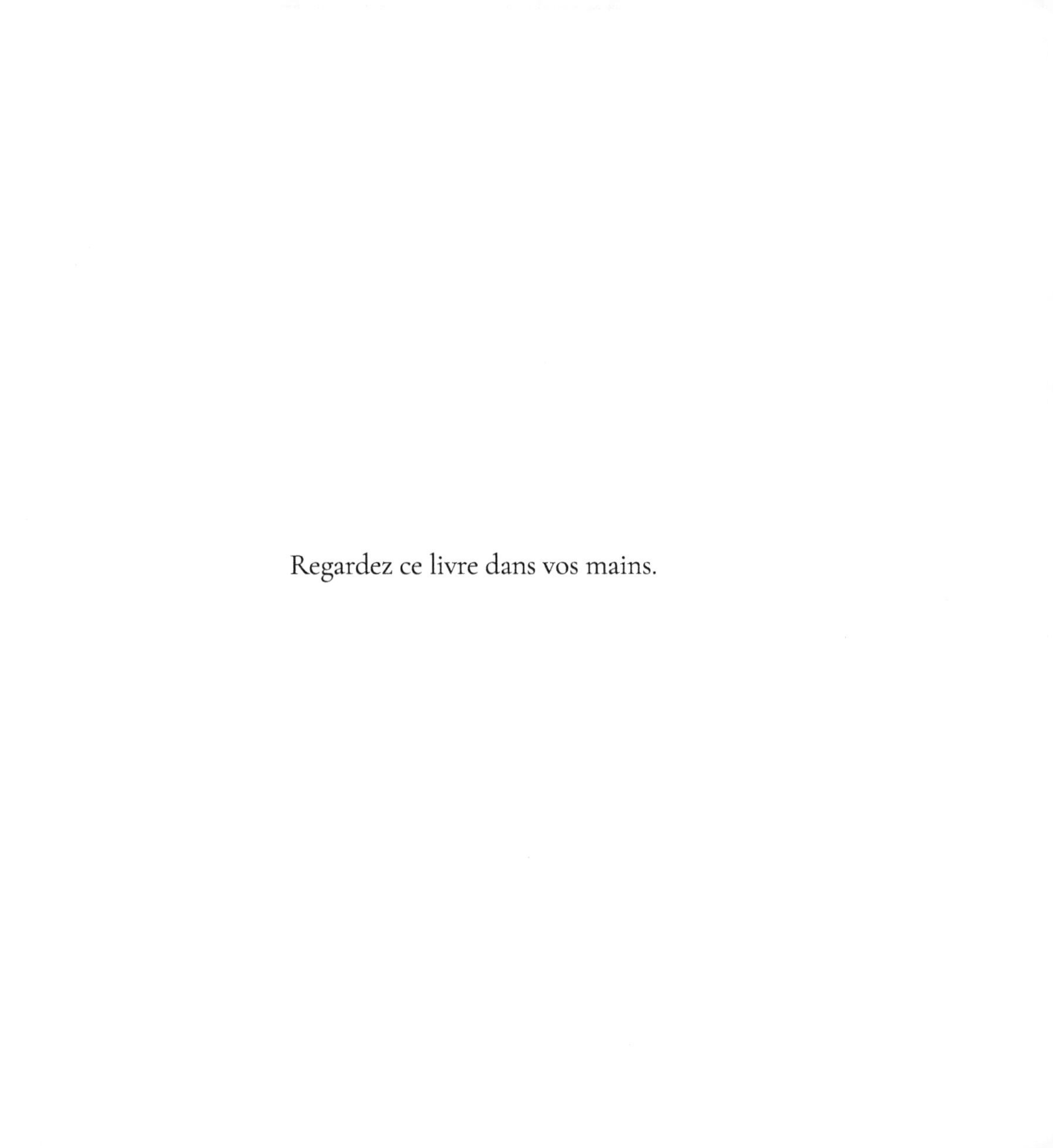

Regardez ce livre dans vos mains.

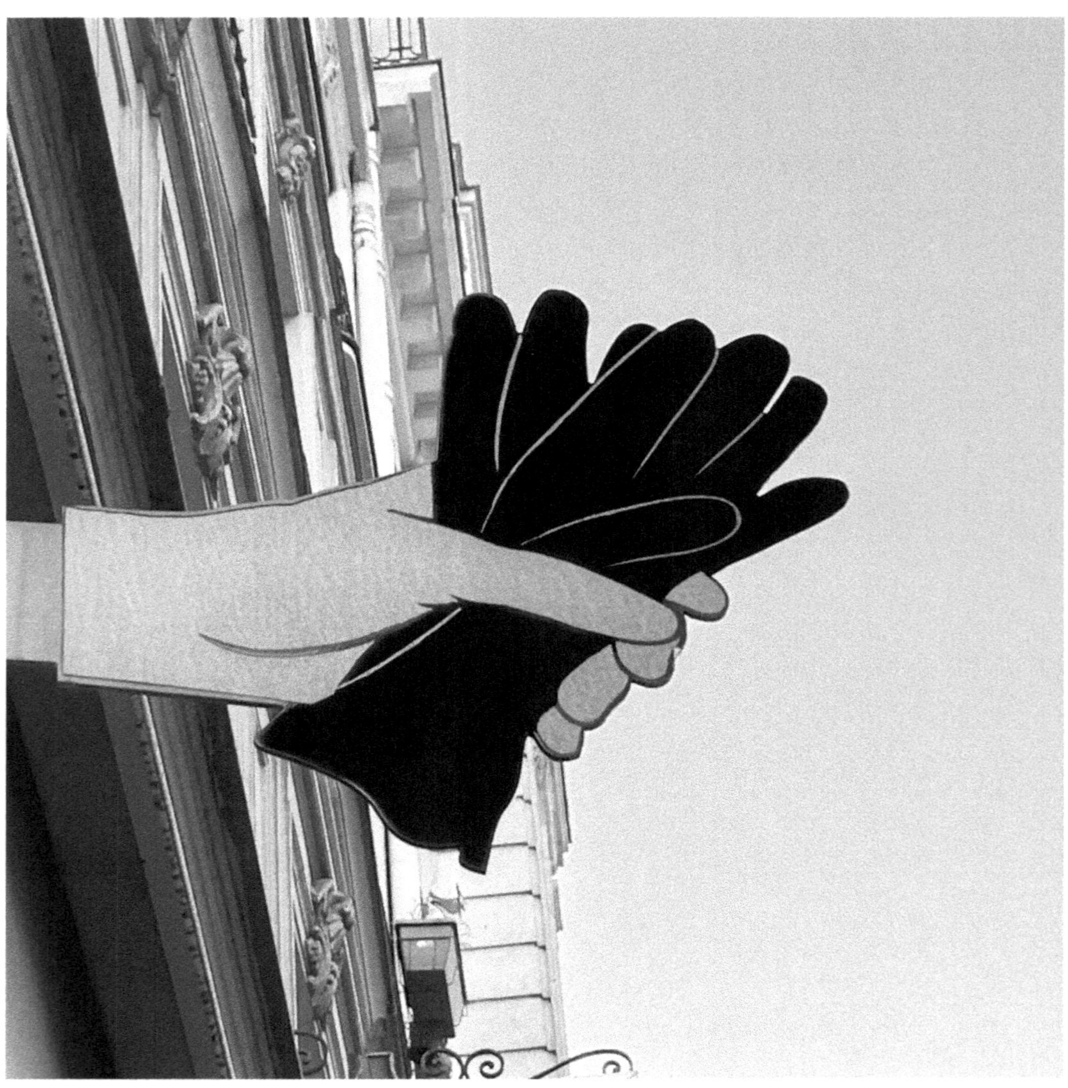

DUCHAMP A CHOISI :

- ☑ Une roue de bicyclette en 1913

- ☑ Un porte-bouteilles en 1914

- ☑ Une pelle en 1915

- ☑ Un peigne en 1916

- ☑ Une housse de machine à écrire en 1916

- ☑ Un urinoir en 1917

« Que M. Mutt ait fait ou non ces objets de ses propres mains n'a aucune importance. Il les a choisis. »

–Marcel Duchamp

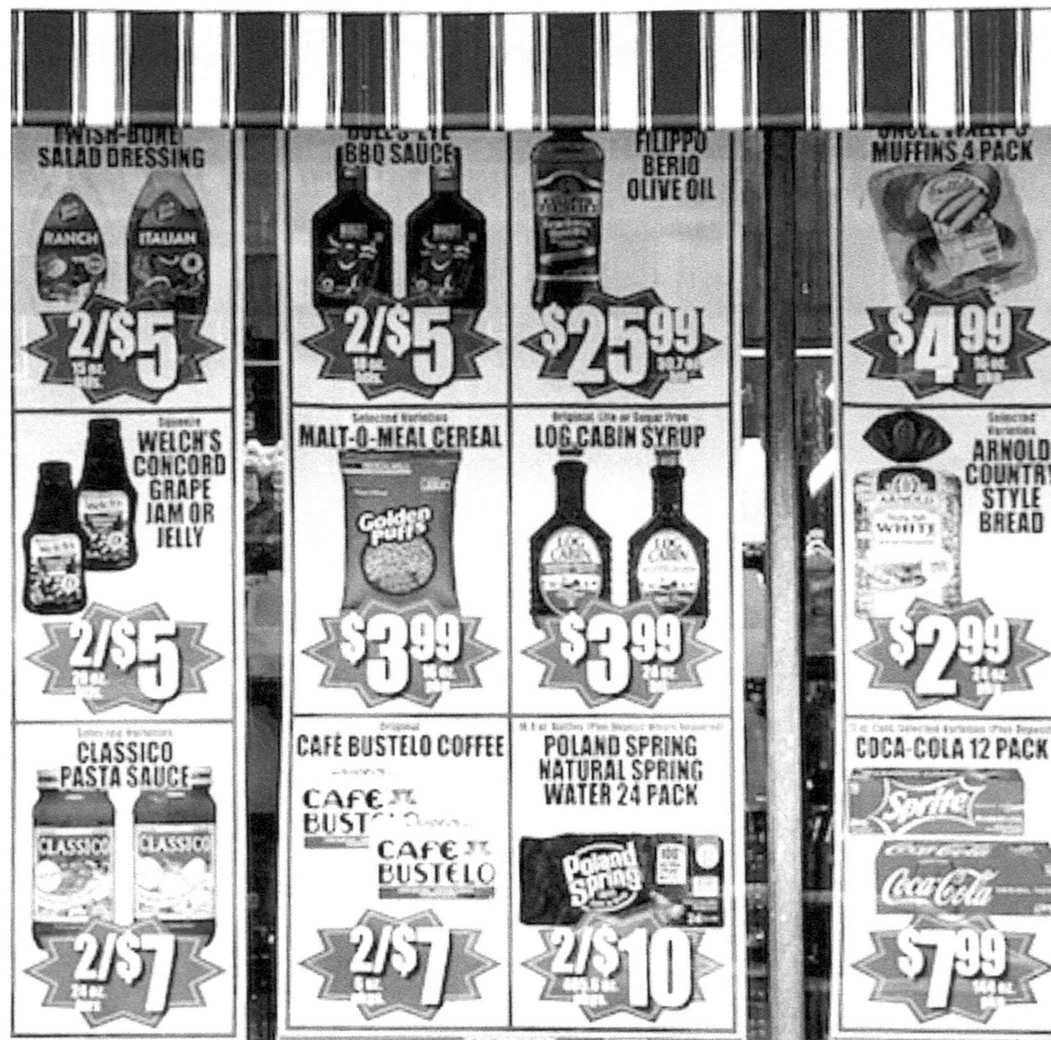

TWISH-BONE
SALAD DRESSING
RANCH
ITALIAN
2/$5

BULL'S-EYE
BBQ SAUCE
2/$5

FILIPPO
BERIO
OLIVE OIL
$25.99

UNCLE WALLY'S
MUFFINS 4 PACK
$4.99

Welch's
Concord
Grape
Jam or
Jelly
2/$5

Selected Varieties
MALT-O-MEAL CEREAL
Golden Puffs
$3.99

Original, Lite or Sugar Free
LOG CABIN SYRUP
$3.99

Selected Varieties
ARNOLD
COUNTRY
STYLE
BREAD
WHITE
$2.99

CLASSICO
PASTA SAUCE
CLASSICO
CLASSICO
2/$7

Original
CAFÉ BUSTELO COFFEE
CAFÉ
BUSTELO
CAFÉ
BUSTELO
2/$7

POLAND SPRING
NATURAL SPRING
WATER 24 PACK
Poland Spring
2/$10

COCA-COLA 12 PACK
Sprite
Coca-Cola
$7.99

VOUS CHOISISSEZ

Ceci est :

- [ ] un livre sur un télégramme
- [ ] un livre sur un artiste
- [ ] un livre sur une œuvre d'art
- [ ] une œuvre d'art
- [ ] un produit
- [ ] tout ce qui précède
- [ ] rien de ce qui précède

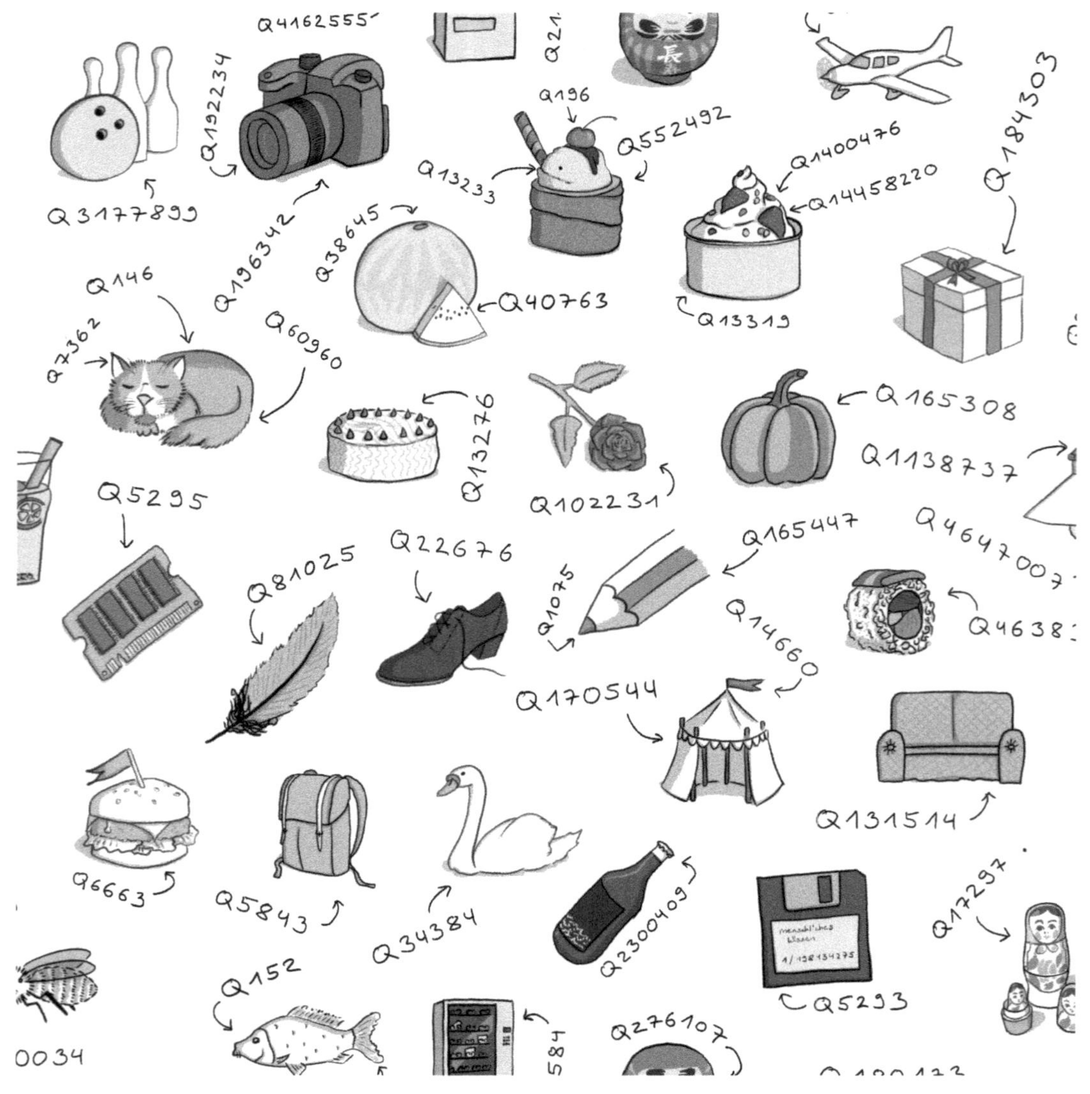

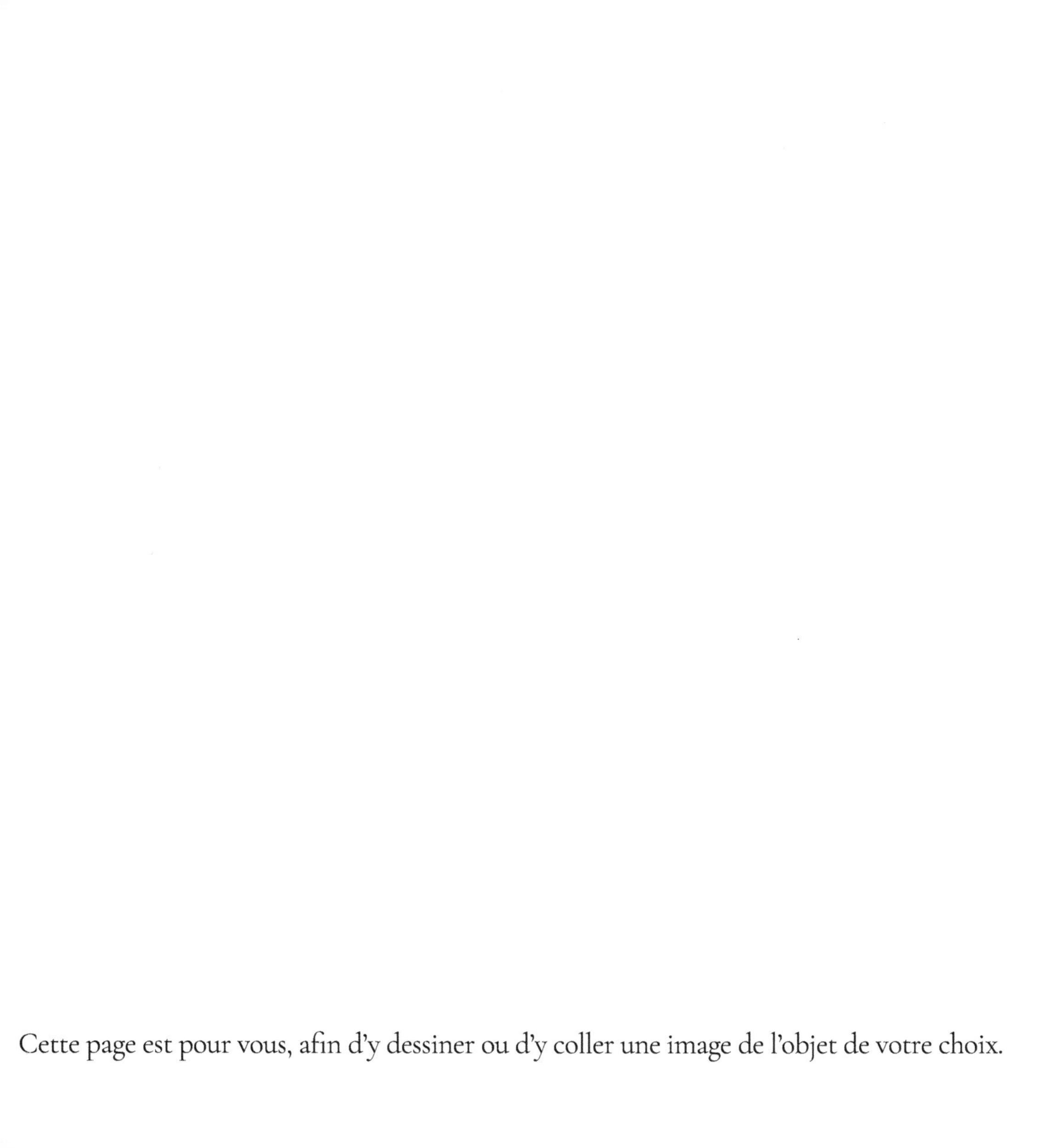

Cette page est pour vous, afin d'y dessiner ou d'y coller une image de l'objet de votre choix.

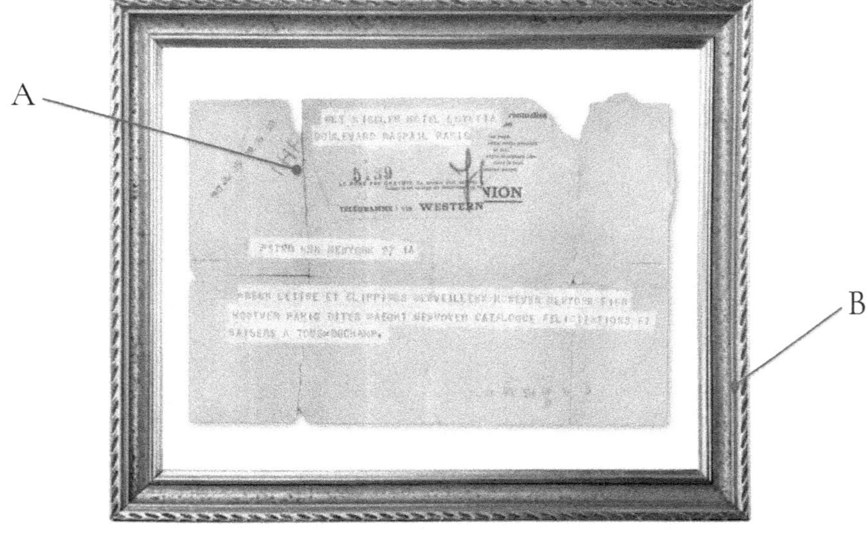
BOULEVARD RASPAIL PARIS
TÉLÉGRAMME via WESTERN UNION
RECU LETTRE ET CLIPPINGS MERVEILLEUX HOTTMER DEPLORE TIED
HOTTMER PARIS DITES MAGHT RENVOYER CATALOGUE FELICITATIONS ET
BAISERS A TOUS DUCHAMP.

ART

Est-ce...

- [ ] A

- [ ] B

- [ ] A+B

- [ ] Ni A ni B

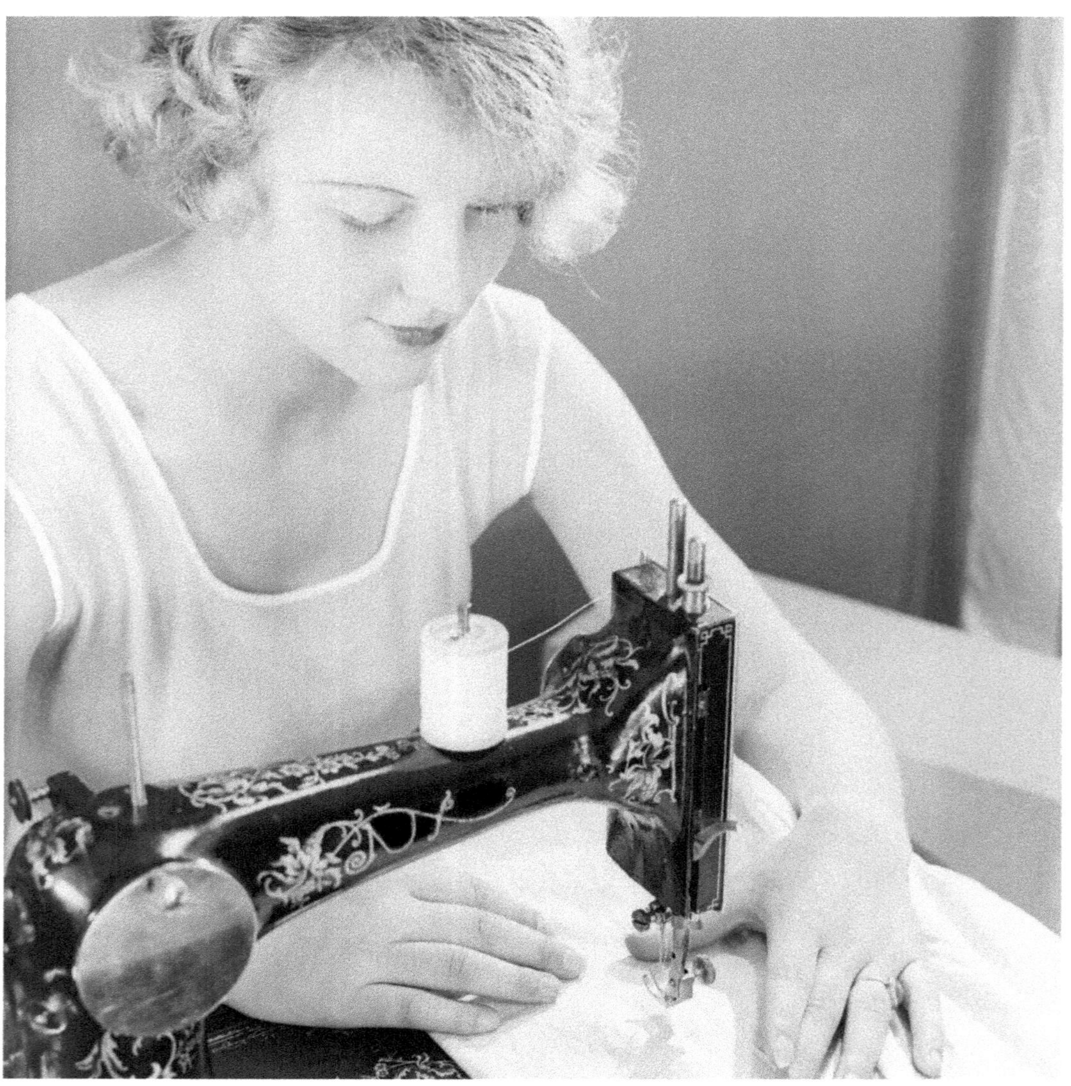

PAS UN READYMADE

Les readymades ont une intention artistique.

Ils n'ont pas été fabriqués par Duchamp.

Le Télégramme est de Duchamp, mais sans intention artistique.

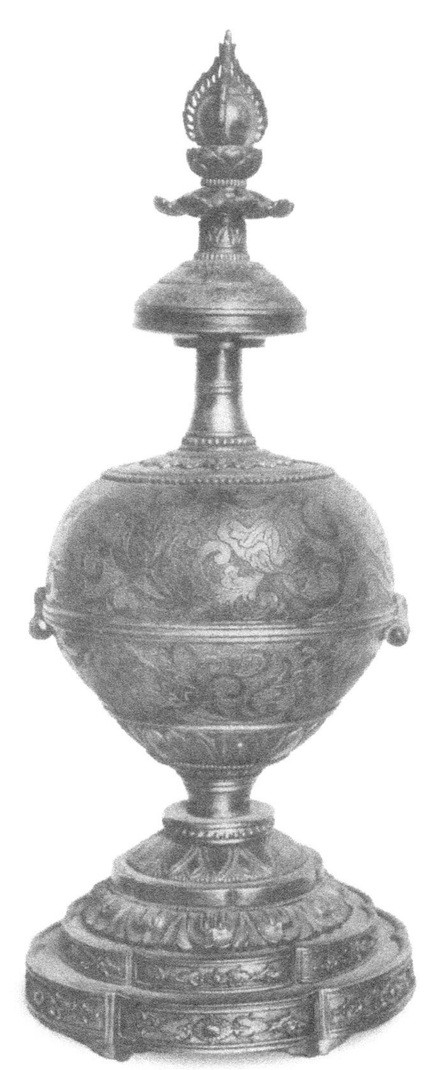

POSSESSION

Pourquoi quelqu'un voudrait-il posséder le Télégramme ?

Serait-ce comme posséder la relique d'un saint ou une mèche de cheveux d'Elvis ?

Peut-être cela créerait-il un lien entre le propriétaire et l'artiste disparu.

Un tel lien peut-il s'acheter et se vendre ?

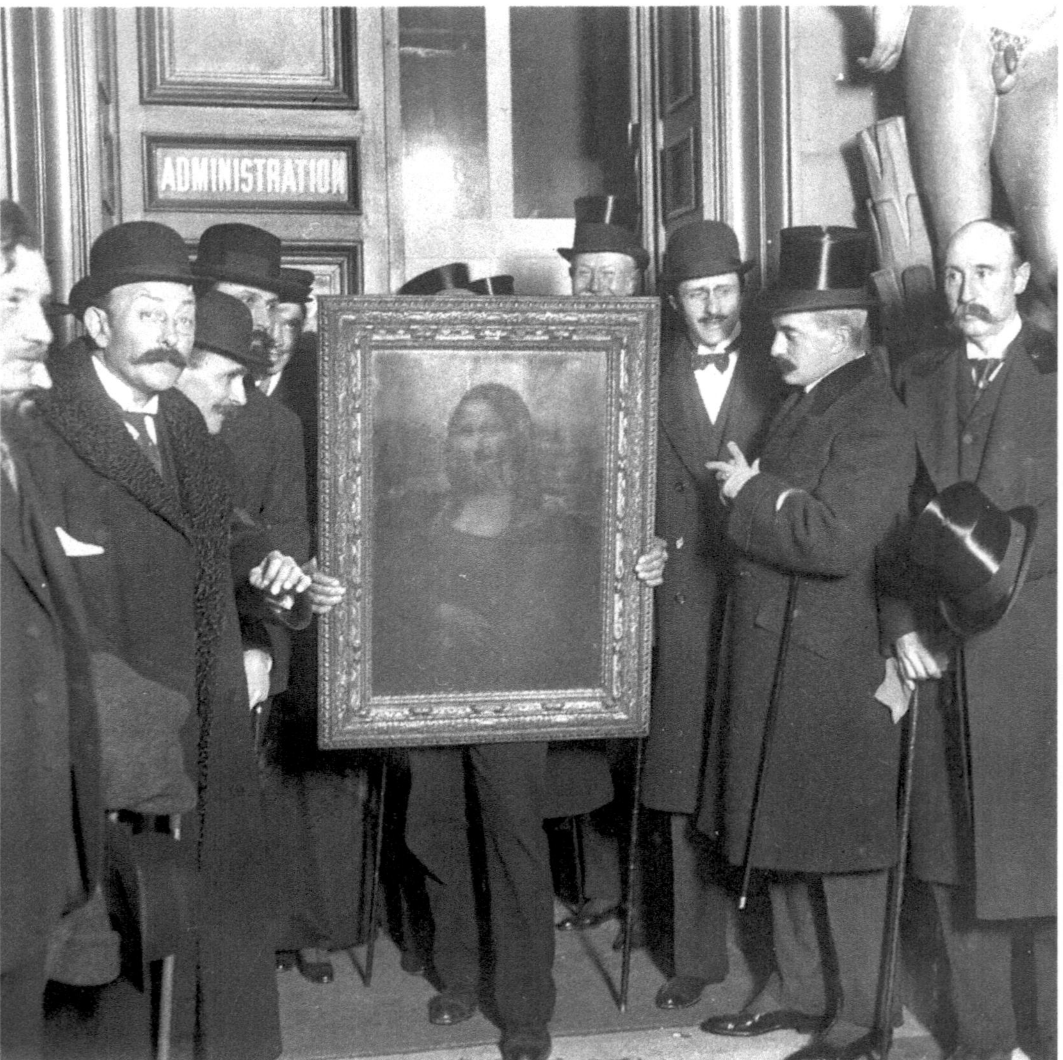

ADMINISTRATION

VALEUR

Le Télégramme est une marchandise, disponible à l'achat. Le vendeur en demande 350 dollars. Est-ce là sa valeur ?

Maintenant, ce livre a été publié au sujet du Télégramme. Vaut-il davantage ?

Et si Duchamp l'avait signé ? Comme vous le savez, il prenait des objets du quotidien et, dès lors qu'il y apposait sa signature, leur valeur s'envolait. Ils devenaient de l'Art.

Et quelle serait la valeur de cette signature sans le Télégramme, seule ?

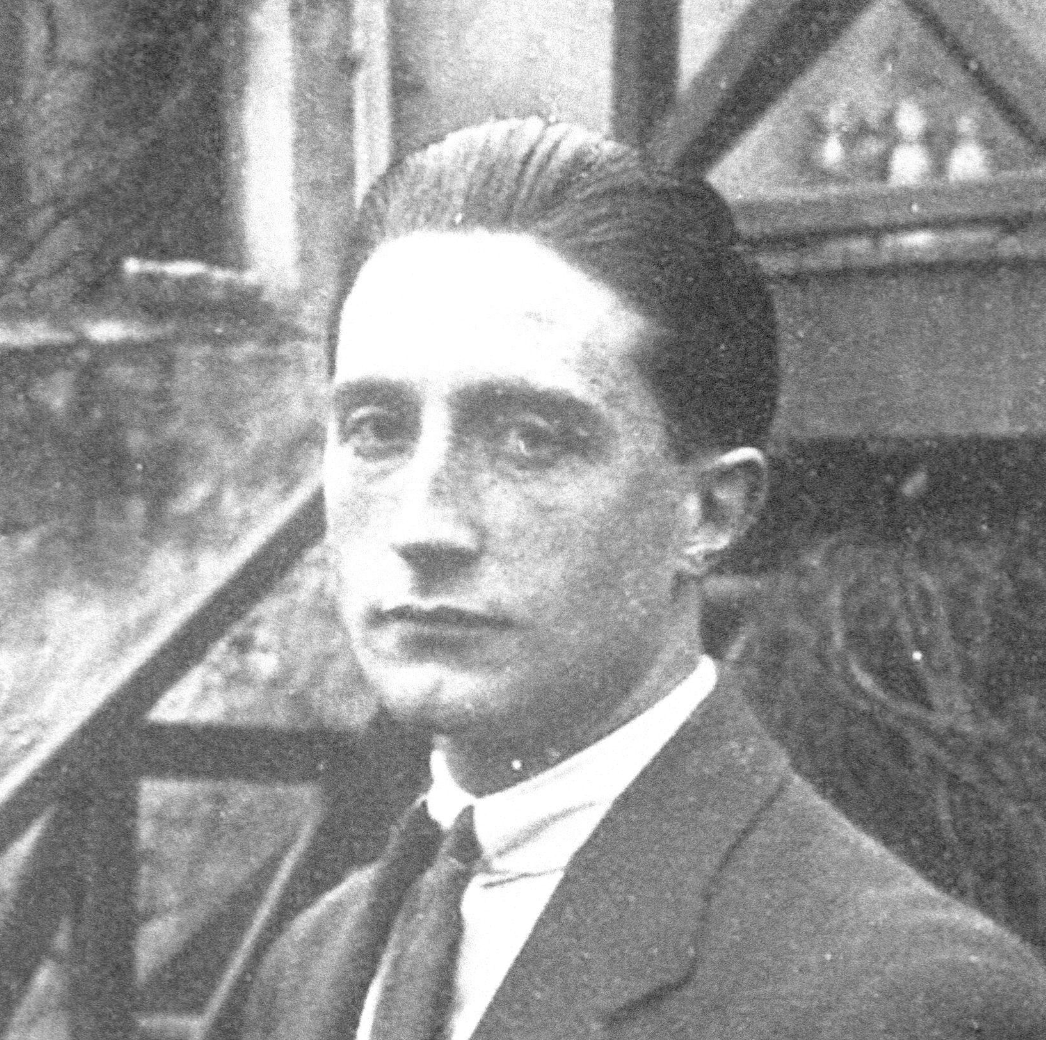

CROYANCE

Nous croyons que Marcel Duchamp, le célèbre artiste, a rédigé le Télégramme et l'a envoyé le 15 juillet 1947 de New York à Paris. Nous croyons que le morceau de papier qui fait l'objet de ce livre est ce télégramme écrit par Duchamp et envoyé de New York à Paris le 15 juillet 1947.

Pourquoi le croyons-nous ?

« **Q** : En quoi croyez-vous ?

Duchamp : En rien, bien sûr ! Le mot croyance est une autre erreur. C'est comme le mot jugement. Ce sont deux idées horribles sur lesquelles le monde est fondé. J'espère que ce ne sera pas ainsi sur la lune.

Q : Pourtant, vous croyez en vous-même ?

Duchamp : Non. »

=============

X

                    POUR VOS DEPOTS DE TELEGRAMMES
           LE C.I.P.B A VOTRE SERVICE TOUS LES JOURS 24H/24H

- PAR TELEPHONE DEPUIS L'ILE DE FRANCE AU (1) 4233.4411

- PAR TELEX AU 250500 OU PAR MINITEL AU (1) 4233.1666
   (REDUCTION D'ENVIRON 20-0/0) - RENSEIGNEMENTS AU 0519.3333

============

ZCZC XP0123 UDF362 IOA104 1-0058451064
FRXX CO UDNX 042 TF 45434593 TELEPHONE PAR PARIS-CIP8 LE 6 A 0717
TDWX BRIDGETON MO 42/41 05 1525

C NICOLAS
137 RUE DALESIA
75014PARISFRANCE

NLT KISELER HOTEL LUTETIA
BOULEVARD RAISPAIL PARIS
PST 20 NBN NEWYORK 27 14 RECU LETTRE ET CLIPPINGS MARVELLEUX
HOWEVER NEWYORK FIER HOWEVER PARIS
DITES MAEGHT MENVOYER CATALOGUE FELICITATIONS ET BAISERS A TOUS
   DUCHAMP
TINC

COL   137 75014 20 27 14

REPRODUCTION

En 1964, Duchamp autorisa la reproduction de la roue de bicyclette, du porte-bouteilles, de la pelle, du peigne, de la housse de machine à écrire et de l'urinoir.

En 1990, j'autorisai une reproduction du Télégramme, devant être envoyée comme l'original 43 ans plus tôt, par Western Union de New York à Paris.

Lorsque j'avais trouvé le Télégramme original, je m'étais dit : Voilà, c'est l'objet sans intérêt esthétique.

Mais quand j'ai vu à quoi ressemblaient les télégrammes en 1990, j'ai compris que l'original était en réalité beau.

COLLABORATION 1

Robert Prowler, New York
le 7 mars 1990, lettre

Cher David,

Premièrement : ci-joint un reçu pour l'envoi d'un télégramme Western Union à Nicolas. Le bureau WU ressemblait à un PMU louche dans son pire état. Les gens y envoient ou reçoivent   de l'argent dont ils ont grand besoin. Les mauvaises nouvelles arrivent par téléphone de nos jours, j'imagine. J'ai eu une longue discussion avec l'employé Western Union et il m'assure que ça arrivera — peu importe que l'adresse soit peut-être incorrecte. Il a relu tout le texte, comme moi. J'espère que c'est tel que tu le voulais et que tu as peut-être déjà reçu un fax de Nicolas. Tiens-moi au courant.

Affectueusement,

Papa

COLLABORATION 2

C. Nicolas, Paris
le 8 mars 1990, fax

Le voilà, David !

J'espère que ton père n'a pas fait d'erreur ?! Ça me paraît assez bizarre. Si ça ne correspond pas à ce que tu voulais, n'hésite pas, bien sûr. David, même si c'est une contribution très modeste, nous sommes heureux d'être associés (un tout petit peu) à ce projet de « télégramme de Marcel Duchamp ». Tiens-nous au courant !

Avec toute mon affection,

Nicolas

PS : Je te renvoie le télégramme aujourd'hui par courrier. Ci-joint, une copie.

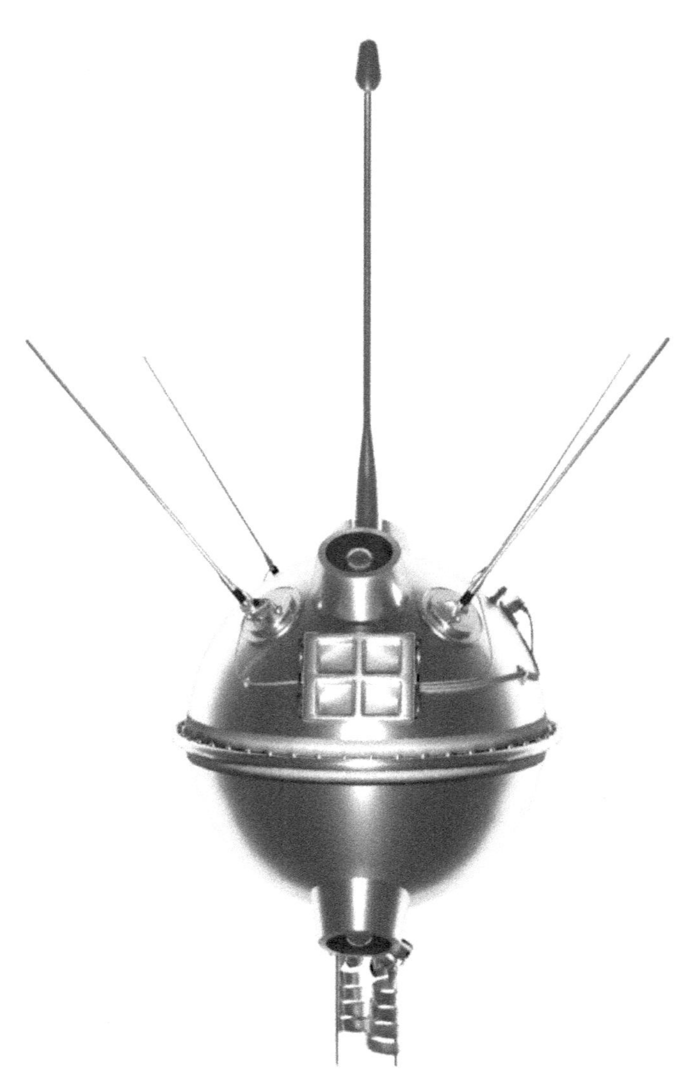

TRANSMISSION

En 1947, le message a voyagé de continent à continent par câble sous-marin.

En 1990, le message a été envoyé de continent à continent via l'espace.

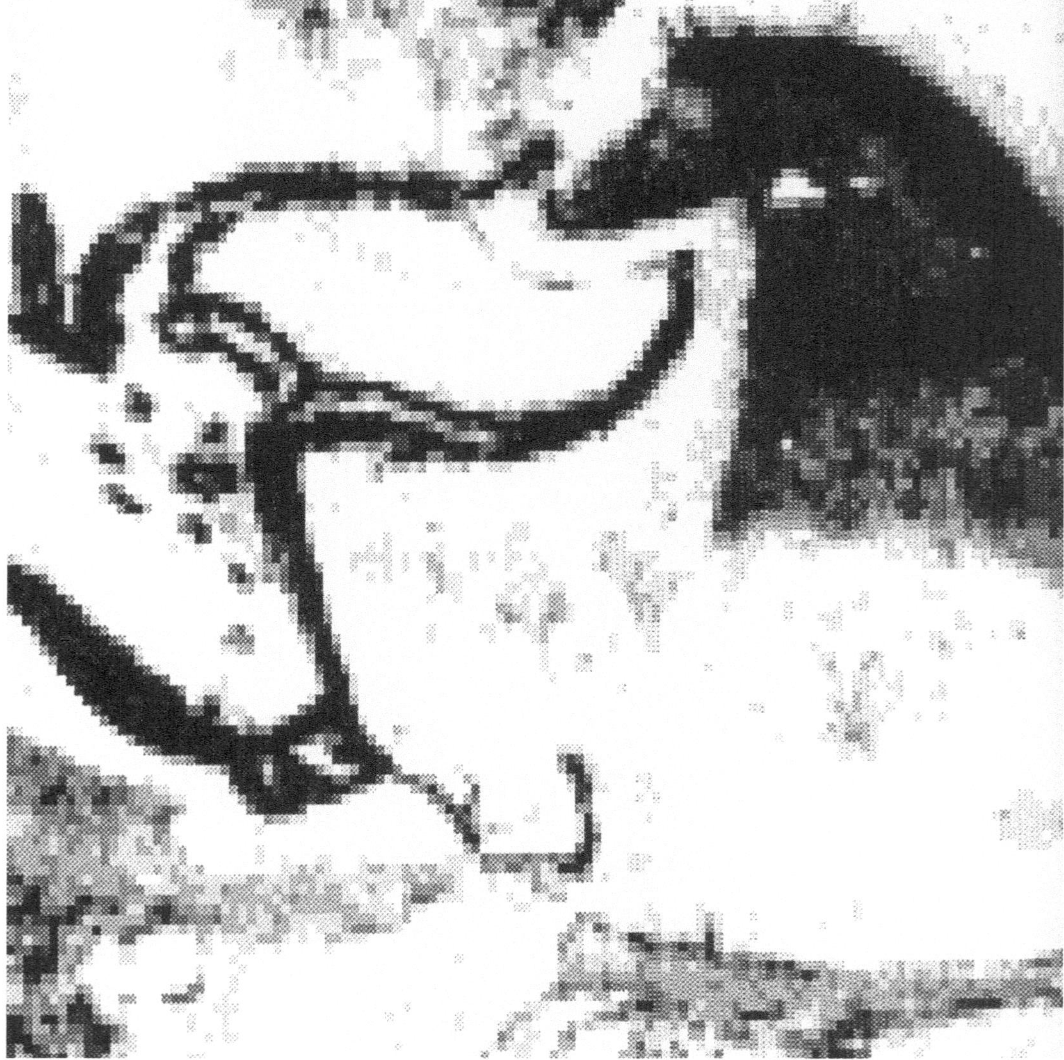

L'ART RAPIDE

« L'art rapide, c'est là la caractéristique de tout le siècle, depuis les cubistes. La vitesse qui est utilisée dans l'espace, dans les communications, est aussi utilisée dans l'art. »

–*Marcel Duchamp*

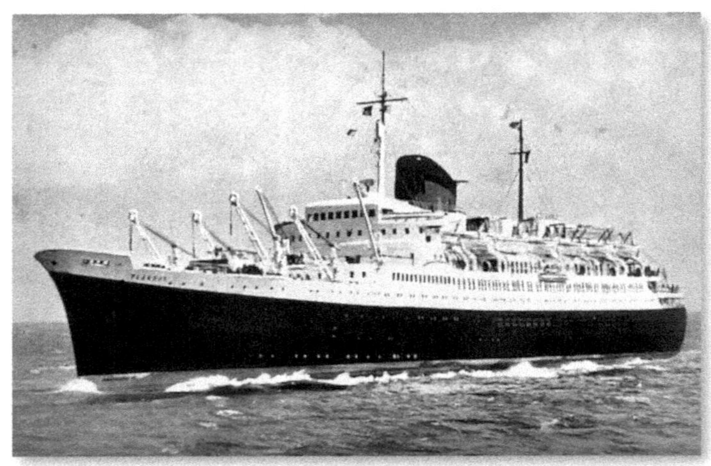

Ceci n'est pas une carte postale de Marcel Duchamp.

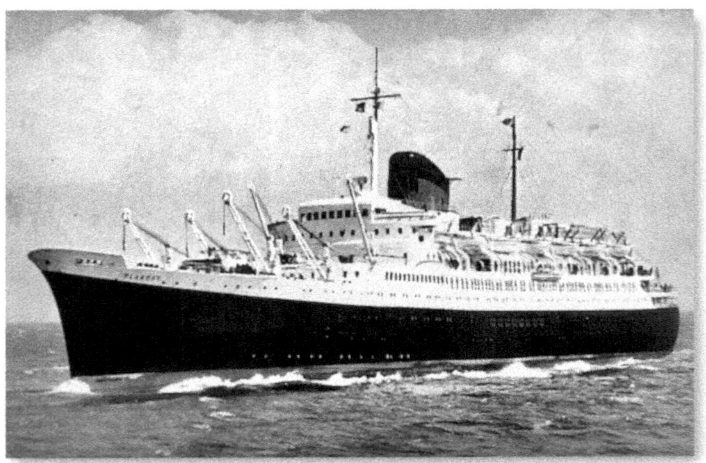

Ceci est une carte postale de Marcel Duchamp.

INFRAMINCE

Duchamp a développé le concept d'« inframince », l'ultra-mince. Il en donnait ces exemples :

- « La chaleur d'un siège qu'on vient de quitter. »
- « L'odeur de la fumée qui porte aussi l'odeur buccale du fumeur. »
- « Le son du velours côtelé frottant quand on marche. »
- « La différence entre deux objets issus du même moule. »
- « Le délai entre le départ d'un coup de feu et l'impact de la balle sur sa cible. »

« Calculer la différence entre les volumes d'air déplacés par une chemise propre (repassée et pliée) et la même chemise sale. »

–Marcel Duchamp

Et quelle est la différence entre un télégramme de Marcel Duchamp et un autre ?

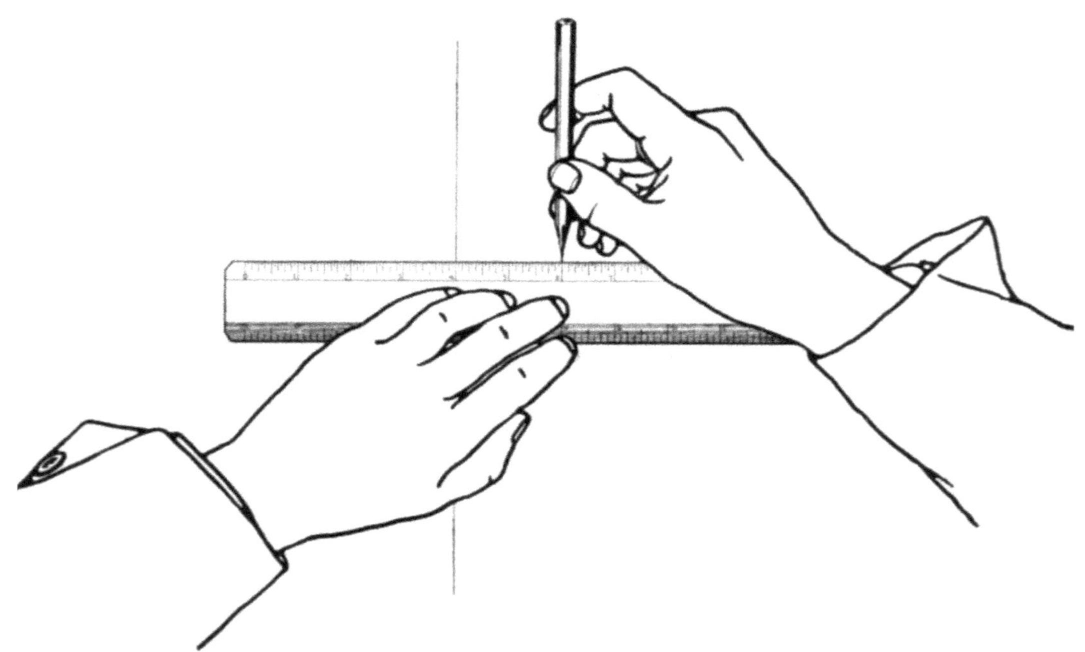

Fig. 8

EXERCISE

Formulez des phrases sur le Télégramme en utilisant chacun de ces mots :

1. Authenticité

2. Histoire

3. Fétiche

4. Esthétique

5. Marchandise

6. Idolâtrie

7. Condition

8. Rareté

9. Valeur

APPENDICES

<u>Attestation d'authenticité</u>

Je soussigné(e), sain(e) de corps et d'esprit, déclare solennellement sous peine de parjure selon les lois de l'État de Californie que, au mieux de ma connaissance et de ma conviction, les pièces suivantes présentent, de par leur qualité conceptuelle et esthétique intrinsèque (tant intentionnelle qu'involontaire), les caractéristiques de l'Art. J'ai une connaissance personnelle des faits énoncés aux présentes et pourrais en témoigner de manière compétente.

La pièce A, annexée aux présentes et intégrée par référence, est ce certain télégramme Western Union (ci-après dénommé « Télégramme », communément connu sous le nom de Télégramme Duchamp) envoyé de la ville de New York, État de New York, États-Unis d'Amérique, à la ville de Paris, France, en date du 15 juillet 1947.

La pièce B, annexée aux présentes et intégrée par référence, est ce certain télégramme envoyé par Western Union le 5 mars 1990 par Robert Prowler depuis la ville de New York, État de New York, États-Unis d'Amérique, à C. Nicolas dans la ville de Paris, France, ledit télégramme contenant le texte du Télégramme susmentionné.

La pièce C, intégrée par référence aux présentes, est un certain objet jusqu'alors non identifié, défini dans ce certain Webster's New Unabridged Dictionary, édition de 1930, personnellement connu du soussigné.

Je déclare sous peine de parjure selon les lois de l'État de Californie que ce qui précède est vrai et exact.

Fait le _29_ jour de _Mars_ 1990 à San Francisco, Californie.

RECONNAISSANCE

État de Californie, Comté de San Fransisco

Le 29 Mars 1990, devant moi, notaire public soussigné de l'État susmentionné, a comparu ____________, personnellement connu de moi (ou ayant justifié de son identité sur la base de preuves satisfaisantes), reconnu être la personne ayant signé l'acte ci-joint.

Notaire public __________

DÉCLARATION DE L'AVOCAT AU DOSSIER

La présente Attestation d'authenticité est conforme aux exigences des règlements locaux, respecte le droit de l'État et n'est pas en contradiction avec la réglementation fédérale applicable.

<u>Attestation of Authenticity</u>

I, DAVID PROWLER , being of sound mind and body, hereby declare under penalty of perjury under the laws of the State of California that, to the best of my knowledge and belief, the following exhibits are, by virtue of intrinsic conceptual and aesthetic quality (both advertent and inadvertent), Art. I have personal knowledge of those matters stated herein and could and would competently testify thereto.

Exhibit A, attached hereto and incorporated herein by this reference thereto, being that certain Western Union telegram (hereinafter referred to as "Telegram" and commonly known as the Duchamp Telegram) sent from the City of New York, State of New York, United States of America to the City of Paris, Country of France, on the date of July 15, 1947.

Exhibit B, attached hereto and incorporated herein by this reference thereto, being that certain telegram sent by Western Union on the date of March 5, 1990 by Robert Prowler from the City of New York, State of New York, United States of America, to C. Nicolas in the City of Paris, Country of France which Exhibit B contained the contents of the aforementioned Telegram.

Exhibit C, incorporated herein by this reference thereto, being that certain heretofore unidentified object of art as defined in that certain Webster's New Unabridged Dictionary, copyright 1930 and known personally to the undersigned.

I declare under penalty of perjury under the laws of the State of California that the foregoing is true and correct.
Executed this 29 day of March, 1990 at San Francisco, California.

ACKNOWLEDGEMENT

State of California
County of S.F.

On 3-29-90 , before me, the undersigned, a notary public in and for said state, personally appeared David Prowler , personally known to me (or proved to me on the basis of satisfactory evidence) to be the person who executed the within instrument.

NICOLE N. NICHOLSON
NOTARY PUBLIC - CALIFORNIA
CITY & COUNTY OF SAN FRANCISCO
My Commission Expires June 21, 1991

Notary Public

STATEMENT BY COUNSEL OF RECORD

This Attestation of Authenticity conforms with the requirements of local ordinances, complies with state law and is not in conflict with applicable federal regulations.

Attorney of Record

Attestation d'authenticité

CHRONOLOGIE

1887   Naissance d'Henri-Robert-Marcel Duchamp en Seine-Maritime, Normandie, France

1905   Exempté du service militaire en tant que travailleur du secteur artistique

1912   Peint "Nu descendant un escalier"

1913   Abandonne la peinture et commence à travailler sur le Grand Verre

1918   S'installe en Argentine pendant 9 mois

1919   Se coupe les cheveux en forme de comète

1919   Orne la Joconde d'une moustache et d'une barbichette

1920   Adopte le personnage travesti de Rrose Sélavy (Eros, C'est la vie)

1924   Invente un système pour ne pas perdre à Monte-Carlo

1932   Crée le terme "mobile" pour les sculptures cinétiques d'Alexander Calder

1935 Capitaine de l'équipe de France lors de la 1ère
Olympiade internationale d'échecs par correspondance

1936 Visite Cleveland. Retourne en France.

1942 Fuyant la France par bateau, s'installe chez Kiesler au 56,
7e Avenue à New York. Reste à New York jusqu'en 1949.

1944 Commence à travailler sur Étant donnés, un diorama à
observer à travers deux oeillets dans une porte en bois.
Travaillera sur cette pièce en secret pendant 20 ans.

1947 Envoie le télégramme

1954 Épouse Alexina "Teeny" Sattler Matisse

1959 Devient membre du Collège de Pataphysique à Paris.
Son rang est le plus élevé accordé : Satrape
Transcendant, Maître de l'Ordre de la Grande Gidouille

1968 Après un dîner le 2 octobre en compagnie de Man Ray
et d'autres amis, s'éteint paisiblement.

À sa demande, son épitaphe porte la mention :

"D'ailleurs c'est toujours les autres qui meurent"

GLOSSAIRE

Définitions tirées du Webster's New International Dictionary of the English Language, édition de 1930.

Art : Habileté, dextérité ou capacité d'accomplir certaines actions acquises par l'expérience, l'étude ou l'observation ; savoir-faire.

Croyance : État ou habitude d'esprit dans lequel on place sa confiance ou sa foi en une personne ou une chose ; confiance ; foi.

Hasard : La survenue d'événements ; la façon dont les choses adviennent ; fortune. Ce qui arrive comme résultat de forces inconnues ou non considérées.

Choix : Acte de choisir ; l'acte volontaire de sélectionner ou de distinguer parmi deux choses ou plus celle qui est préférée.

Chronologie : La science qui traite de la mesure du temps par divisions ou périodes régulières, et qui attribue aux événements ou transactions leur date appropriée.

Collaboration : Acte de collaborer ou de travailler ensemble ; travail commun.

Dignité : État, caractéristique ou qualité d'être digne ou honorable ; élévation de caractère ; mérite ; noblesse ; excellence.

Indifférence : Absence de sentiment pour ou contre quoi que ce soit ; absence d'inquiétude ou d'intérêt à l'égard de quoi que ce soit ; désintérêt.

Glossaire : Recueil de gloses ou d'explications de mots et de passages d'une œuvre ou d'un auteur ; dictionnaire partiel d'une œuvre.

Gratitude : État d'être reconnaissant ; sentiments chaleureux et amicaux envers un bienfaiteur ; bienveillance éveillée par un bienfait reçu.

Sens : Ce qui est voulu ou visé ; intention ; dessein.

Possession : Acte ou état d'avoir ; aussi ce qui est possédé.

Readymade : Fabriqué d'avance ou à l'avance, en prévision d'un besoin ; manquant d'originalité ou d'individualité.

Reproduction : Acte ou processus de reproduire ; comme la reproduction de la prospérité ; la régénération par un animal d'une partie perdue.

Transmission : Acte de transmettre ; ou état d'être transmis ; comme la transmission de lettres, de nouvelles, et ainsi de suite.

Valeur : Pouvoir qu'un objet confère à son possesseur de commander les marchandises et les services des autres. Un prix qui peut effectivement être obtenu. La valeur d'un objet dépend non de son utilité totale mais de son utilité marginale, décroissante à mesure que l'offre augmente. Estime, considération.

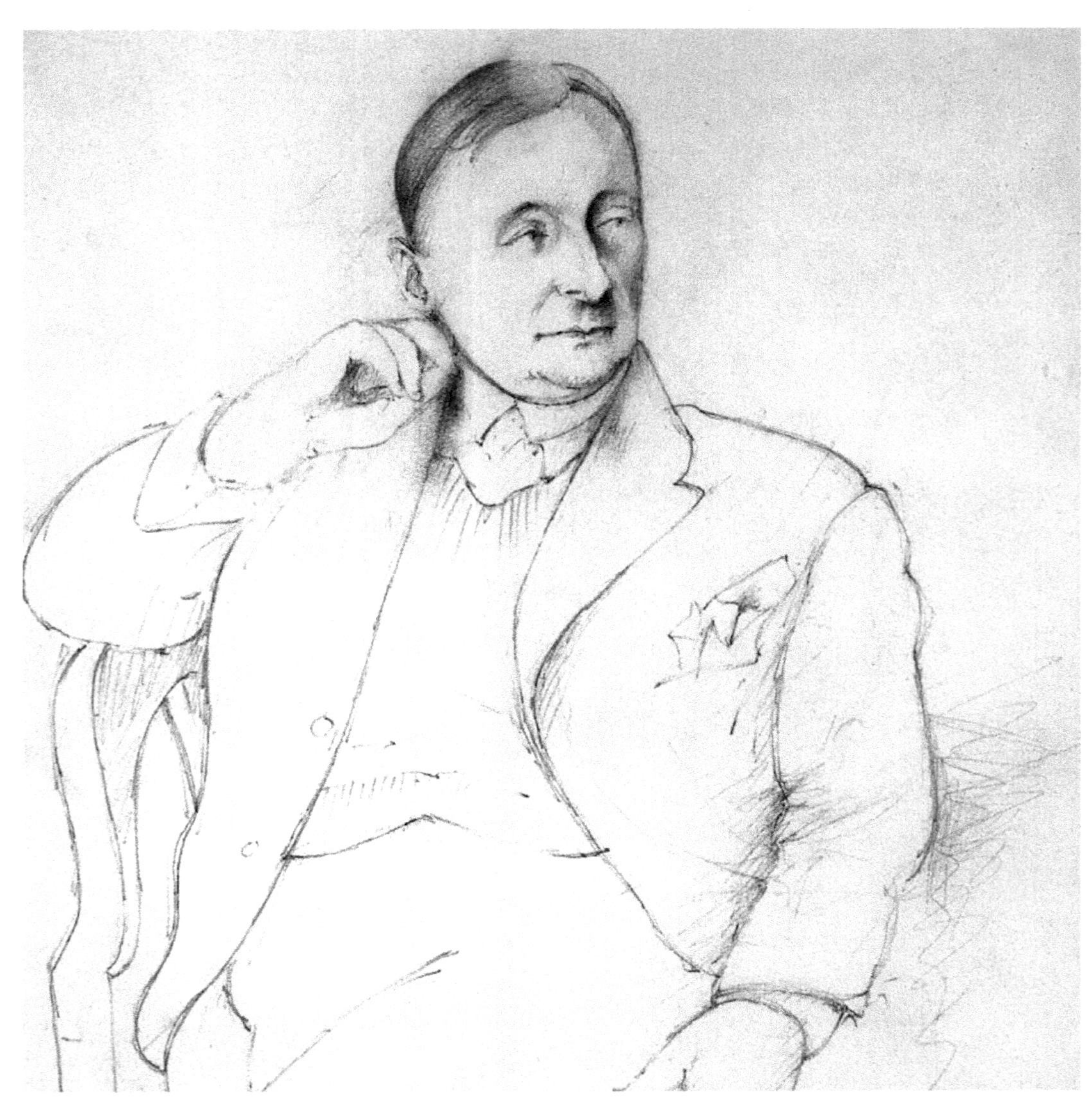

Portrait par Arshile Gorky

FREDERICK J. KIESLER

Le Télégramme a été envoyé à Frederick Kiesler. Duchamp croyait que c'est le spectateur qui complète l'œuvre d'art, ainsi Kiesler a complété le Télégramme, tout comme vous êtes en train de compléter ce livre.

Kiesler était architecte et concevait des vitrines de magasins, des théâtres et des décors de scène, des meubles et des expositions d'art. Il a écrit des ouvrages sur la présentation de produits, des revues et de la poésie. Il sculptait et réalisait des films. En 1947, Architectural Forum l'avait qualifié de « Mauvais garçon du design ».

Il fut l'« Architecte de l'année » en 1951.

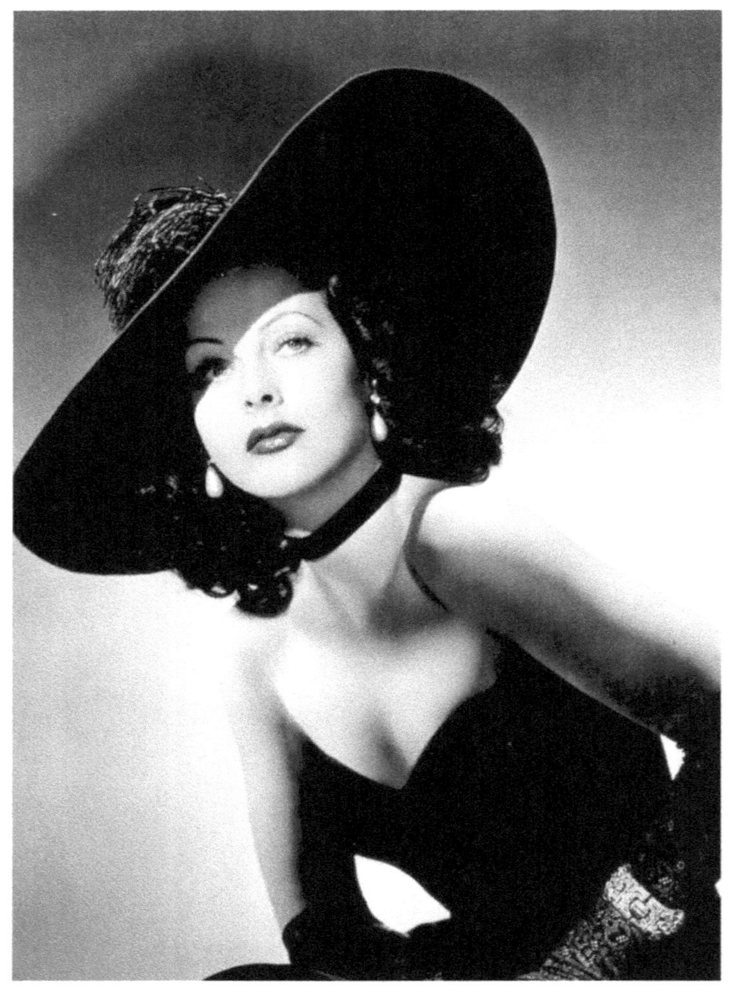

Sa nièce était Hedy Lamarr,
star d'Hollywood et inventrice.

On l'a décrit comme « un personnage difficile, parfois insupportable, infatigable dans l'autopromotion, avec l'arrogance qui affecte souvent les hommes de très petite taille ». (Il mesurait 1 m 47. Ou peut-être 1 m 31. Il disait : « Le génie et le talent sont rarement accordés aux personnes de grande taille. »)

Il « ne proposait rien de moins qu'une reformulation totale de l'art qui libérerait celui-ci des contraintes de l'objet esthétique isolé ». Être avec lui « était comme toucher un fil électrique portant le courant de l'histoire contemporaine ».

Certaines sources indiquent qu'il est né en Roumanie en 1890. Wikipédia dit qu'il est né en Ukraine. J'ai lu qu'il était autrichien. Il s'est marié en Pologne. Il s'est installé à New York en 1926.

Il est surtout connu pour avoir conçu la galerie Art of This Century de Peggy Guggenheim en 1942. Son aménagement présentait des tableaux montés sur des battes de baseball, des peintures pivotantes et de l'obscurité.

Il se sentait lésé par le destin et méprisé par certains de ses confrères architectes européens :

« Ils ont débarqué dans la gloire du battage médiatique excessif autour du Bauhaus. Et maintenant ils utilisent leurs chaires enviées à Harvard et Yale pour dominer l'architecture en Amérique. Ils construisent et complotent, construisent et complotent. Ils se copient mutuellement dans l'arrogance. Tous mes projets ont sombré pendant la dépression. Si j'avais attendu comme Mies ou Gropius ou Breuer, je n'aurais pas eu à concevoir les vitrines de Saks Fifth Avenue pour payer le loyer ou manger. »

Ernest Hemingway refusait de lui serrer la main. « Hemingway s'est figé dans sa position de bâtard et a dit : "Je ne serre pas la main des Allemands ni des Autrichiens." Sur ce, il a tourné les talons et disparu dans le café. La première Guerre mondiale n'était apparemment pas terminée pour lui. [C'était en 1925.] Nous sommes devenus américains. Il aurait pu nous serrer la main désormais. Mais il était parti. »

Il n'était pas très pragmatique : « Si Kiesler veut assembler deux pièces de bois, il prétend n'avoir jamais entendu parler de clous ou de vis. Il teste la résistance à la traction de divers alliages métalliques, expérimente différentes méthodes et formes, et au bout de six mois propose un dispositif très coûteux qui assemble deux pièces de bois presque aussi bien qu'une vis. » (Architectural Forum, 1947)

QUELQUES-UNS DE SES PROJETS

- La Maison sans fin (1924)*
- Cité dans l'espace (1925)*
- Gratte-ciel horizontal (1925)*
- Théâtre sans fin sans scène et Théâtre à quatre dimensions (1926)*
- Le Télémusée (avec des murs conçus comme écrans récepteurs d'images transmises — en 1927)*
- Le Bureau volant (1930)*
- La Maison noyau (1931)*
- Fresques sans murs (1936)*
- Machine de vision (« quasi scientifique, grandiose mais vague, idéogrammatique et poétique plutôt que schématique ») (1937)*
- Salle des Superstitions (1947)
- Maison-dent (1948)*
- Grotte pour la méditation (en forme de dauphin, souterraine) (1962)*

*** Non réalisé**

Nous avons aujourd'hui des bâtiments qui ressemblent à des poissons, des nuages, des Transformers. Des pièces qui ressemblent à des lettres hébraïques. Des bâtiments intégrant ce que Kiesler appelait les « biotechniques ». Mais pas à cette époque.

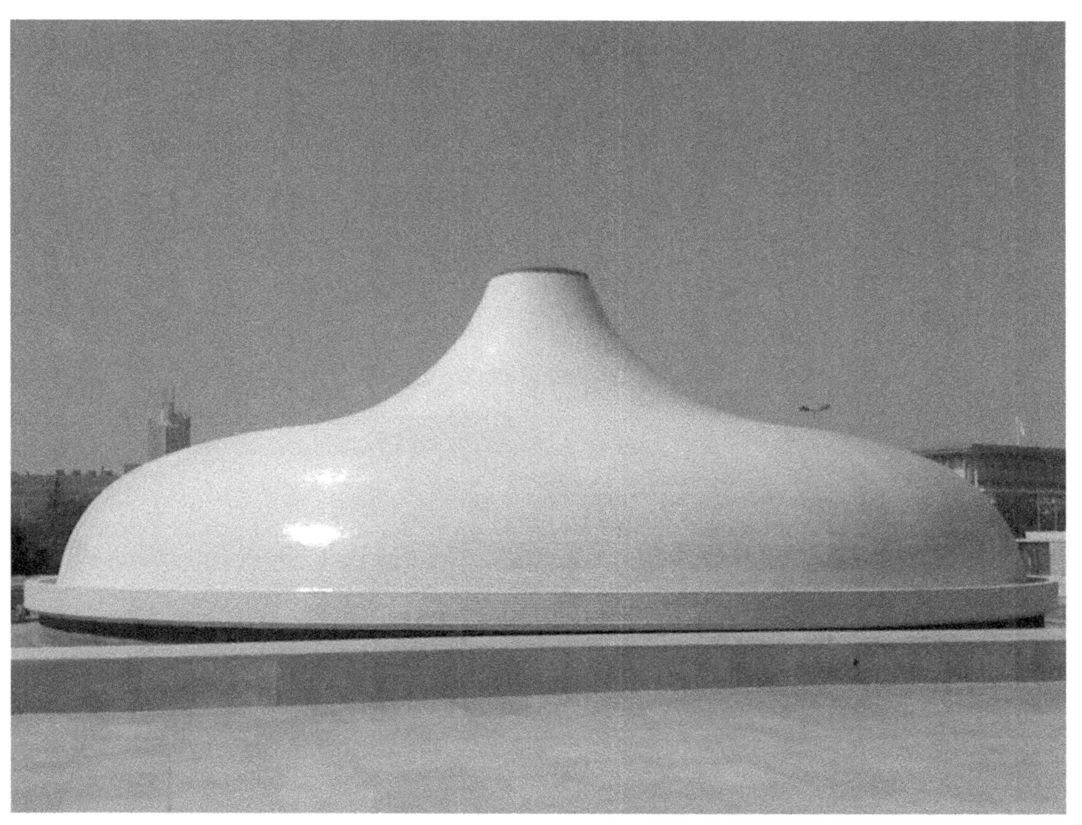

Un seul de ses bâtiments a jamais été construit : le Sanctuaire du Livre, ouvert en avril 1965. À Jérusalem, il abrite les manuscrits de la mer Morte. « Ce n'est ni un sein de femme, ni un oignon, ni un bocal », écrivit-il.

KIESLER AVAIT DE GRANDES IDÉES:

« La forme ne suit pas la fonction ; la fonction suit la vision. La vision suit la réalité. »

« La place de l'art dans la société devrait être aussi nécessaire que le soleil l'est à la chlorophylle. »

« Le soit-disant artiste ne doit apprendre qu'une seule chose pour être créatif : ne pas se résister à lui-même, mais résister sans exception à tout facteur humain, technique, social et économique qui l'empêche d'être lui-même. »

« Le séparatisme, la ségrégation, l'isolement dans notre vie sociale doivent céder la place, comme jamais auparavant, à l'intégration des finalités dans tous les domaines. Cela favorisera une plus grande appréciation de notre individualité, non le conformisme, simplement parce que prendre soin les uns des autres, c'est sauvegarder le respect et l'estime de chacun d'entre nous. »

« La poésie et l'art, précurseurs de la révolution sociale, devraient désormais prendre les devants pour promouvoir le contenu de cette ère des frontières qui s'effacent. »

« L'art ne peut plus vivre en l'air, ni l'architecture sur le terrain des affaires. C'est terminé. »

« Notre monde occidental a été envahi par des masses d'objets d'art. Ce dont nous avons réellement besoin, ce n'est pas de plus en plus d'objets, mais d'un objectif. »

« Les matériaux ne sont pas ce qui importe ; ce qui importe, c'est la façon dont on vit, quelle vie nouvelle et inspirée ces matériaux favorisent parmi les lignes droites et courbes. »

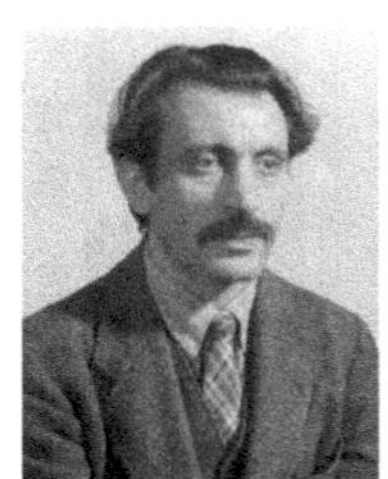

Gorky

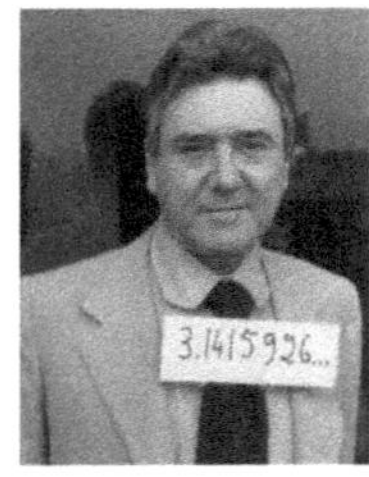

Matta

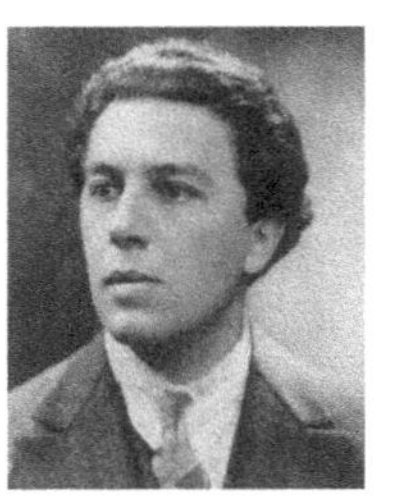

Breton

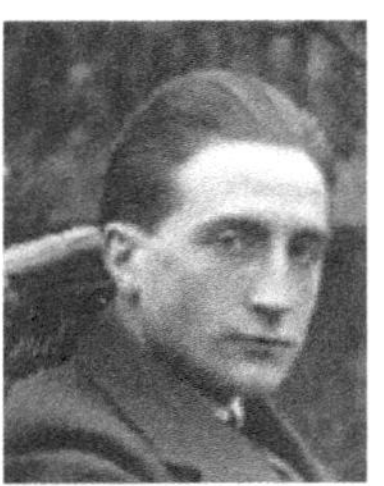

Duchamp

L'AFFAIRE MATTA

Kiesler était un ami proche d'Arshile Gorky, le peintre. Il accusa l'artiste chilien Roberto Matta d'avoir déclenché le suicide de Gorky en ayant une liaison avec la femme de ce dernier. Mais Gorky avait de nombreuses raisons de mettre fin à ses jours. Ses dernières années furent marquées par une douleur et un désespoir immenses. Sa grange-atelier brûla, il avait un cancer, son cou fut brisé et son bras de peintre paralysé dans un accident de voiture, et son mariage battait déjà de l'aile.

Selon la Fondation Kiesler :

> « Après le suicide de Gorky, le peintre Roberto Matta fut exclu du Surréalisme et retourna en Europe. Kiesler fut tenu pour responsable de l'éviction de l'artiste chilien en raison d'une lettre à Breton qui demeura secrète pendant de nombreuses années. Qu'a fait ou dit Kiesler pour nuire à Matta ? Était-il responsable ou n'était-il qu'une marionnette entre les mains des grands prêtres du Surréalisme ? »

Un an après l'envoi du Télégramme, Duchamp en voulut tellement à Kiesler d'avoir accusé Matta qu'ils ne se reparlèrent plus jamais.

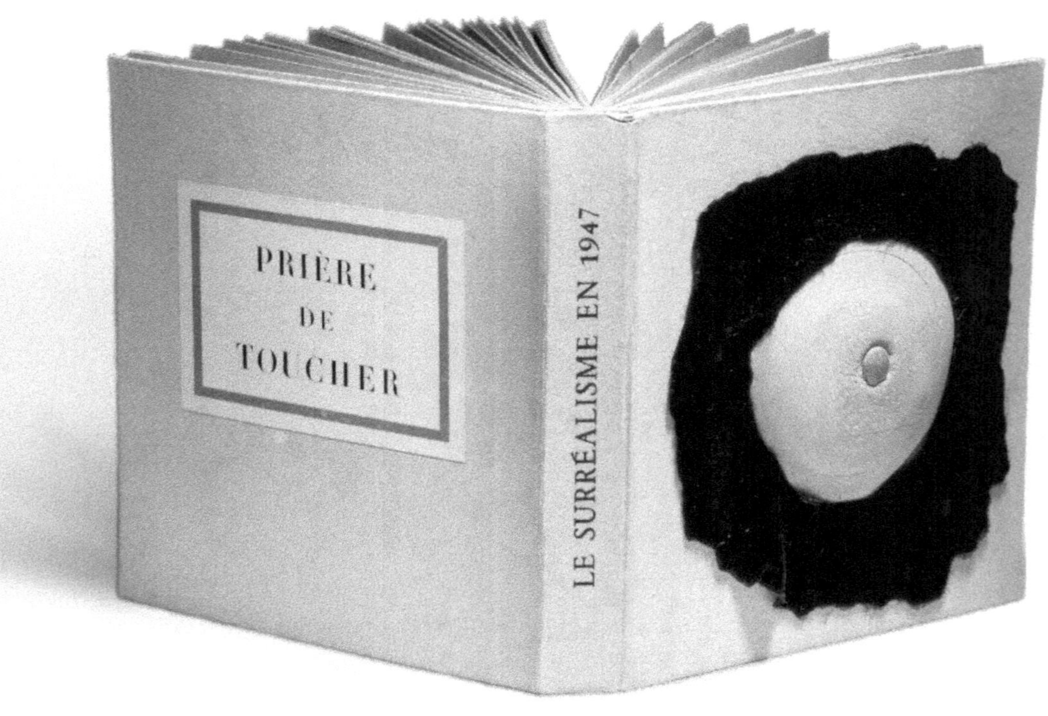

LE CATALOGUE

« Dites Maeght m'envoyer catalogue. »C'est le catalogue de *l'Exposition Internationale du Surréalisme présentée par André Breton et Marcel Duchamp*.

Duchamp avait préparé une édition limitée avec une couverture tridimensionnelle, rose ornée d'un sein en mousse rose au-dessus d'un morceau de velours noir irrégulier. Au dos, une étiquette : « Prière de toucher ».

Le catalogue et l'exposition présentent :

Jean Arp	Jacqueline Lamba
Hans Bellmer	Roberto Matta
Victor Brauner	Joan Miro
André Breton	Isamu Noguchi
Alexander Calder	Roland Penrose
Leonora Carrington	Francis Picabia
Max Ernst	Remedios Varos
Alberto Giacometti	Hans Richter
Arshile Gorky	Kaye Sage
David Hare	Yves Tanguy
Wilfredo Lam	Dorothea Tanning

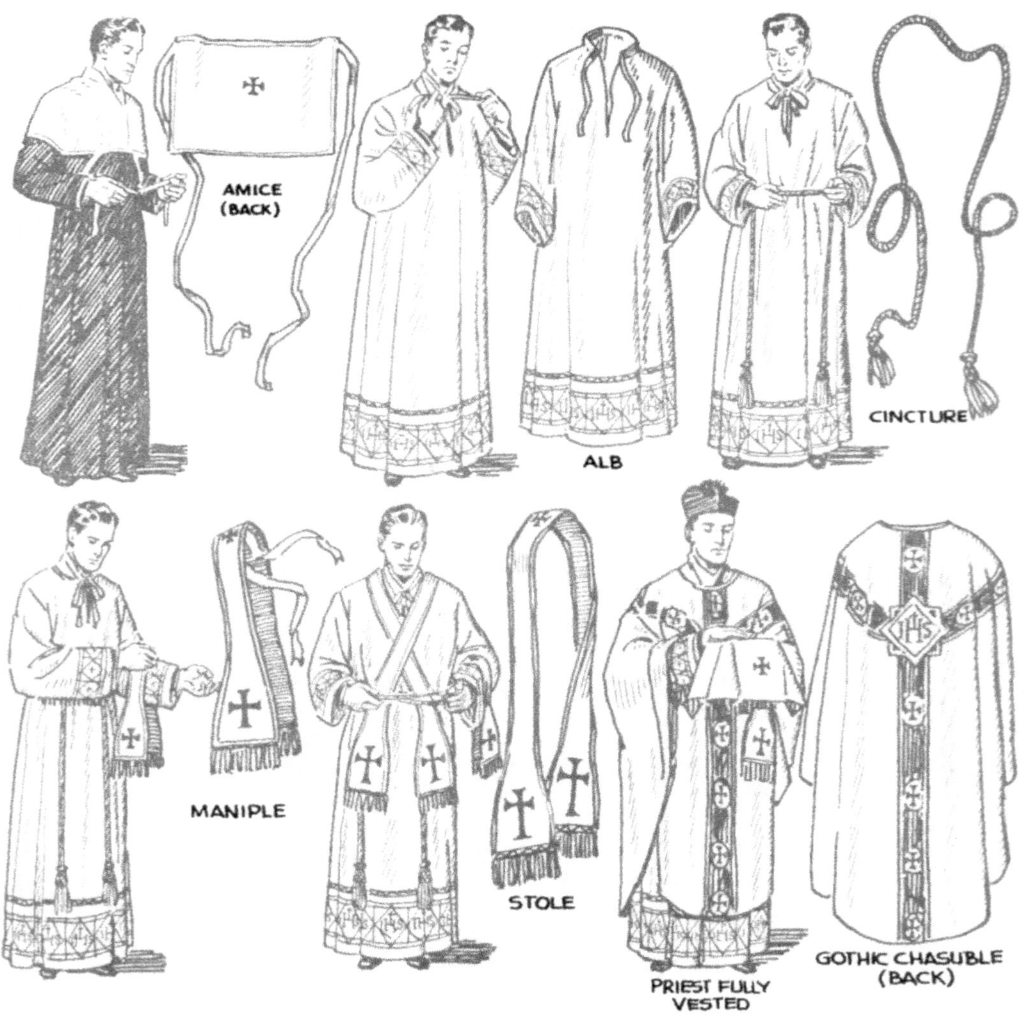

AMICE
(BACK)
ALB
CINCTURE
MANIPLE
STOLE
PRIEST FULLY
VESTED
GOTHIC CHASUBLE
(BACK)

SUPERSTITIONS

Pour l'exposition, Kiesler conçut une Salle des Superstitions. Les superstitions, envoyées par Benjamin Péret depuis le Mexique, étaient répertoriées dans le catalogue :

- Laisser les placards ouverts porte bonheur.

- La vue d'un officier de l'armée porte malheur. Bouchez-vous le nez à son passage.

- Faites un vœu quand vous voyez un prêtre se faire battre.

- Pour éviter la malchance, détournez le regard en passant devant une blanchisserie.

- Si vous voyez un drapeau, détournez-vous et crachez pour conjurer le mauvais présage.

- En passant devant un commissariat, éternuez fort pour éviter le malheur.

- Jeter un crucifix dans le premier feu que vous allumez en automne porte bonheur.

« Je préfère vivre et respirer plutôt que travailler. Je ne considère pas que le travail que j'ai accompli puisse avoir une quelconque importance sociale dans l'avenir. Alors, si vous voulez, mon art serait celui de vivre : chaque seconde, chaque souffle est une œuvre qui n'est enregistrée nulle part, qui n'est ni visuelle ni cérébrale.

C'est une sorte d'euphorie constante. »

–*Marcel Duchamp*

REMERCIEMENTS

Simone Perez

C. Nicolas

Robert Prowler

Daniel Ben-Horin

Diane Burk

Robert Langenbrunner

Wikimedia Commons

Marc Delany

Kate Stacey

Oliver Nash

Premier portrait de Marcel Duchamp copyright par la succession de David Gahr

Publié par Readymade Press • Paris, France

david@prowler.org

www.ingramcontent.com/pod-product-compliance
Lightning Source LLC
Chambersburg PA
CBHW042050030726
47599CB00019B/2430